TOUT SUR LE CORPS HUMAIN

Dr Patricia Macnair

ROUGE & OR

L'édition originale de ce livre est parue sous le titre
The Kingfisher Book of the Human Body

Conseiller : Richard Walker
Illustrations : Sebastian Quigley, Guy Smith
Édition : Clive Wilson
Maquette : Peter Clayman
Fabrication : Lindsey Scott

ÉDITION FRANÇAISE :

Traduction : Thierry Marcoux
Maquette : Hélène Lemaire

Numéro d'éditeur : 10225352
ISBN : 978-2-26-140446-9
Dépôt légal : mai 2010
Achevé d'imprimer en juillet 2016
par Shenzhen Wing King Tong Paper Products Co. Ltd.,
Shenzhen, Guangdong, Chine

NOTE AUX LECTEURS :
Les adresses des sites Web citées dans ce livre sont valables lors de la publication. Mais, les changements étant fréquents sur Internet, les adresses et les contenus peuvent changer. Ces sites risquent aussi de proposer des liens non adaptés aux jeunes. L'éditeur ne saurait être tenu responsable des changements d'adresse ou de contenu des sites, ni des informations fournies par des sites tiers. Il est conseillé de faire les recherches sur Internet en compagnie d'un adulte.

Sommaire

CHAPITRE 3

Un corps agile et solide

(Les os, les muscles et les articulations)

CHAPITRE 1

Visite du corps humain

Les cellules
les organes
et les systèmes

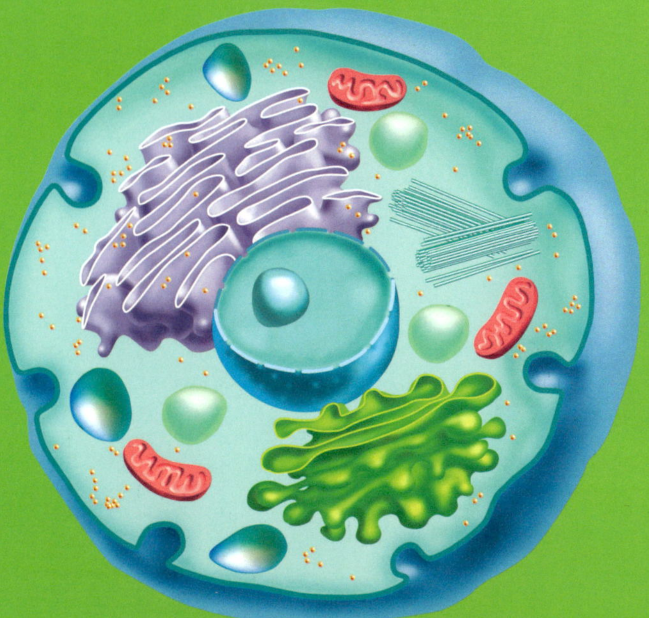

Tous différents

Chaque personne dans le monde est unique. Les humains naissent tous différents. La couleur de la peau, des cheveux, des yeux change selon les individus. Mais, sous la peau, la machine est la même !

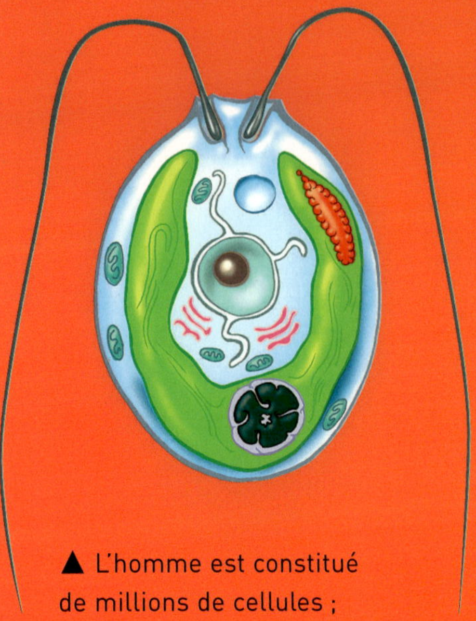

▲ L'homme est constitué de millions de cellules ; mais certains êtres microscopiques, comme celui-ci, n'en ont qu'une.

Des briques microscopiques

Tous les êtres vivants sont composés de cellules, comme un mur est fait de briques. Les cellules sont si minuscules qu'on ne les voit qu'au microscope. Il suffit d'une seule cellule pour constituer certains êtres vivants comme les bactéries. Il en faut des millions et des millions pour un être humain.

▼ Seuls les êtres humains disposent de l'habileté et de l'intelligence nécessaires pour construire des bâtiments comme ce musée de Bilbao, en Espagne.

Un corps très actif

Le corps est aussi complexe qu'une grande ville. C'est une machine qui doit utiliser la nourriture et l'oxygène dont elle a besoin, les transporter partout, puis évacuer les déchets. Le corps envoie aussi des messages d'un endroit à l'autre et à l'extérieur. Il a également à se défendre contre les envahisseurs.

◀ Les humains sont tous faits sur le même modèle, mais aucun n'est exactement identique aux autres.

Des créateurs

Comme tous les autres êtres vivants, nous avons des cellules, mais aussi des caractéristiques qui nous sont propres. Notre cerveau très développé et nos mains libres nous permettent d'accomplir des travaux complexes. Ainsi, nous façonnons notre environnement, nous créons des civilisations et nous explorons l'Univers.

Groupes

Les cellules de même type se groupent pour former des tissus, comme la graisse et les muscles. Puis les tissus se réunissent pour former les organes comme le cœur. Enfin, les organes se rassemblent pour accomplir une tâche comme la respiration ou la digestion : on parle alors de système.

flash infos

- Le premier être vivant est apparu sur la Terre il y a environ 3,8 milliards d'années.
- Le corps humain contient environ 100 000 milliards de cellules.
- Il y a plus de 6 milliards d'habitants sur notre planète.

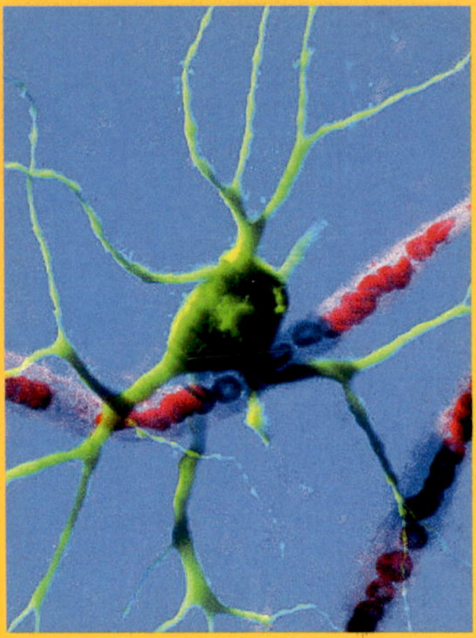

▲ Une cellule nerveuse a plusieurs branches qui entrent en contact avec d'autres cellules nerveuses.

Les cellules

La cellule est le plus petit être vivant. Elle contient des « pièces » minuscules qui travaillent ensemble. Par exemple, de petites usines, appelées mitochondries, produisent l'énergie nécessaire. Un centre de contrôle, le noyau, dit à chacun ce qu'il doit faire.

La forme des cellules

La forme et la taille d'une cellule dépendent du travail qu'elle est appelée à accomplir. Les cellules nerveuses, qui s'étendent à travers le corps pour transmettre des messages, sont habituellement longues et fines, les cellules graisseuses, souvent rondes, sont remplies de l'énergie stockée à partir des aliments.

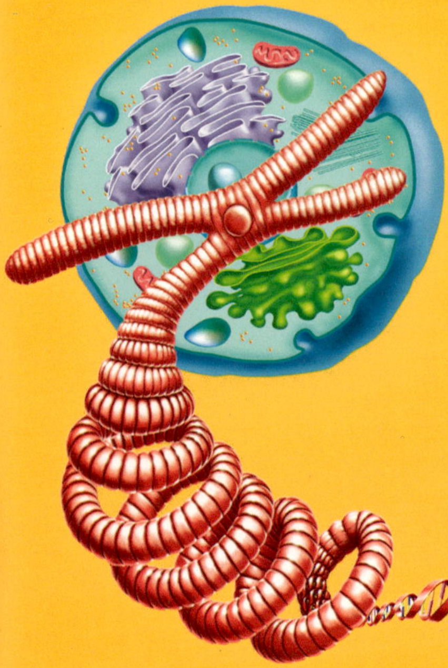

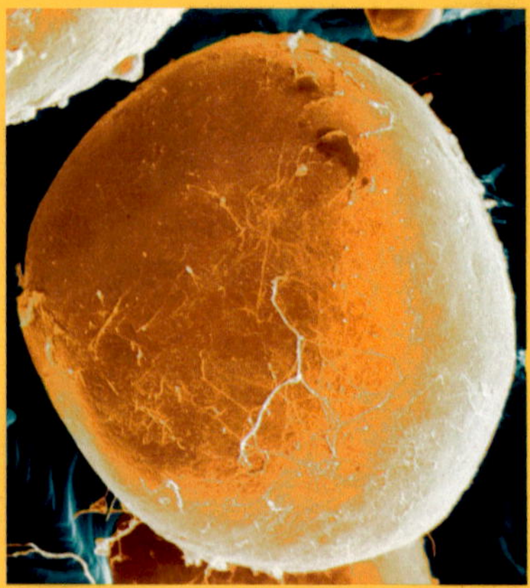

▲ Voici une cellule graisseuse, grossie 700 fois. Une couche de cellules graisseuses sous la peau isole le corps et garde la chaleur.

La recette de la vie

Le noyau de la cellule contient de minuscules informations appelées chromosomes. Ceux-ci sont faits d'une substance : l'ADN. L'ADN, qui ressemble à un livre de recettes, contient toutes les instructions pour construire un corps humain.

◀ Si l'on pouvait démêler un chromosome, il ressemblerait à une échelle en spirale.

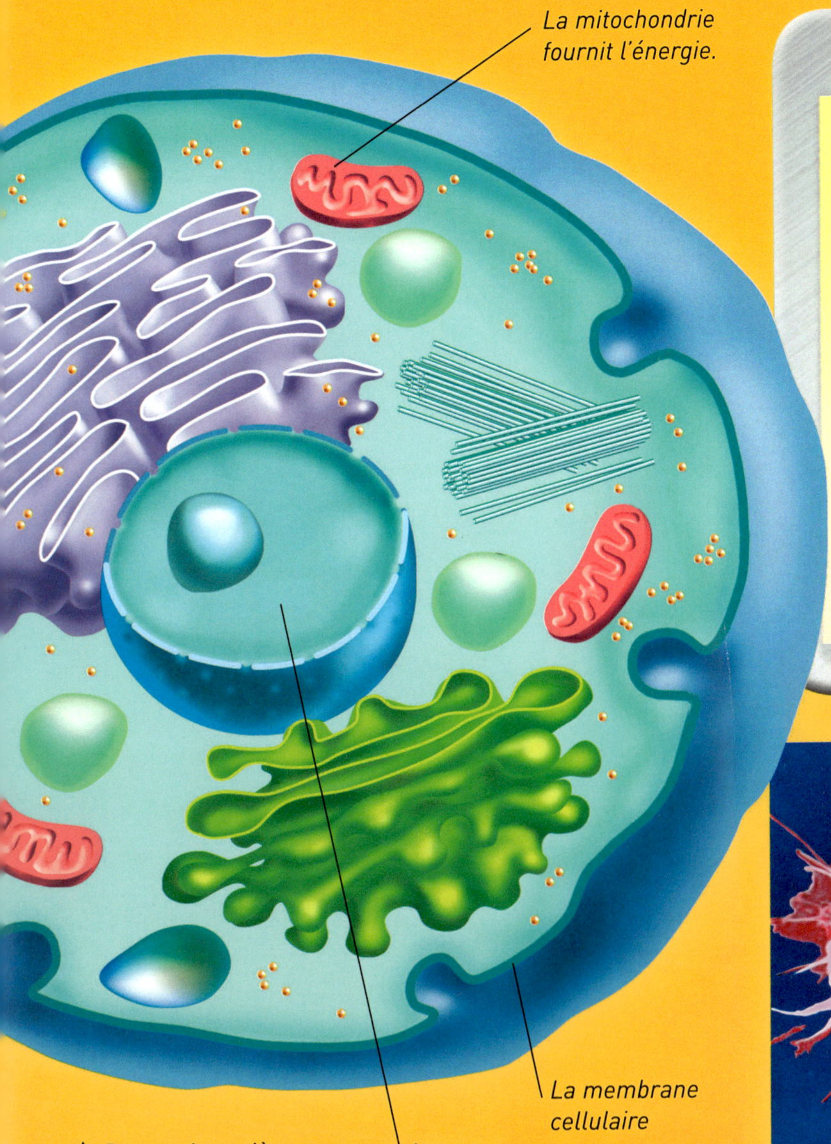

▲ Des petites pièces, appelées organites, travaillent sous la membrane qui tapisse la cellule.

flash infos

- Il y a environ 100 milliards de cellules entassées dans le cerveau, soit plus de 10 fois le nombre d'habitants de la Terre (environ 6 milliards).
- L'ADN est à 99,9 % identique chez tous les humains.
- Un cheveu est environ 10 fois plus épais qu'une cellule.

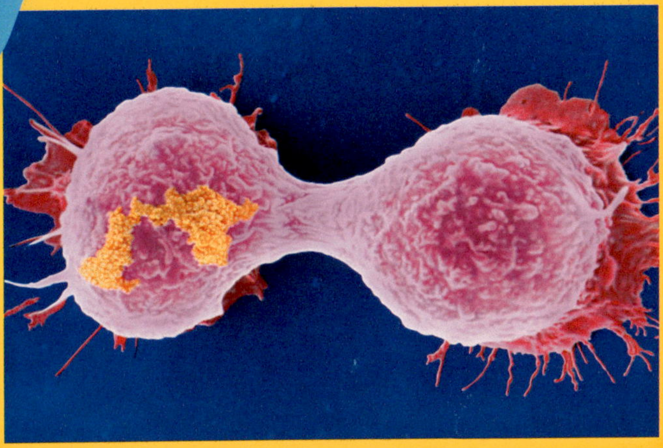

▲ Cette cellule, grossie 100 fois, est en train de se diviser en deux nouvelles cellules. Elle peut ainsi remplacer une cellule morte ou endommagée.

Rouges et blancs

La plupart des cellules sont immobiles. Mais certaines se promènent partout. Par exemple, les globules rouges du sang conduisent l'oxygène aux autres cellules du corps et remportent leurs déchets. Les globules blancs du sang peuvent pénétrer dans les organes pour attaquer les envahisseurs comme les bactéries.

Le cycle des cellules

À chaque seconde, des millions de cellules du corps sont endommagées ou détruites. Certaines, comme celles qui tapissent l'intestin, meurent rapidement. Heureusement, les cellules qui restent peuvent se reproduire (chacune se divise en deux nouvelles cellules).

De la cellule au système

Le corps est formé de milliards de cellules minutieusement organisées comme les briques d'une maison. Les cellules de même type se rassemblent dans un tissu, et les tissus se regroupent en organes.

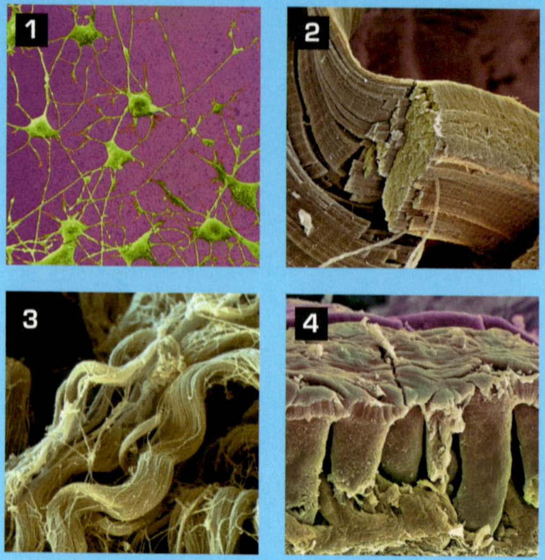

▲ Voici quatre exemples de tissu du corps humain : tissu nerveux (1), tissu musculaire (2), tissu conjonctif (3), épithélium (4).

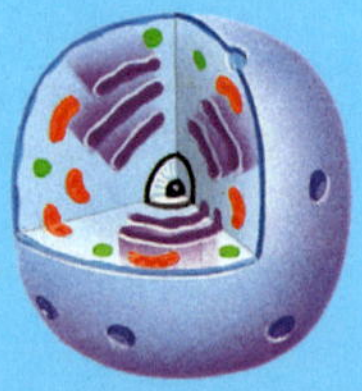

◀ La cellule est le plus petit élément vivant du corps.

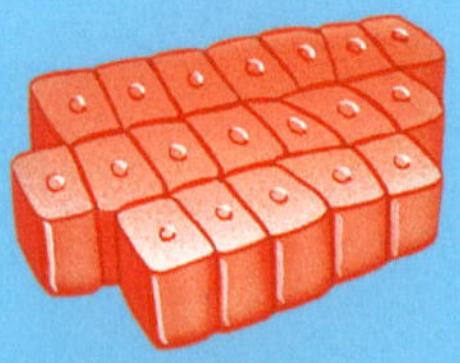

◀ Les tissus sont formés par un groupe de cellules du même type.

◀ Les organes comme le foie sont constitués par deux ou plusieurs tissus.

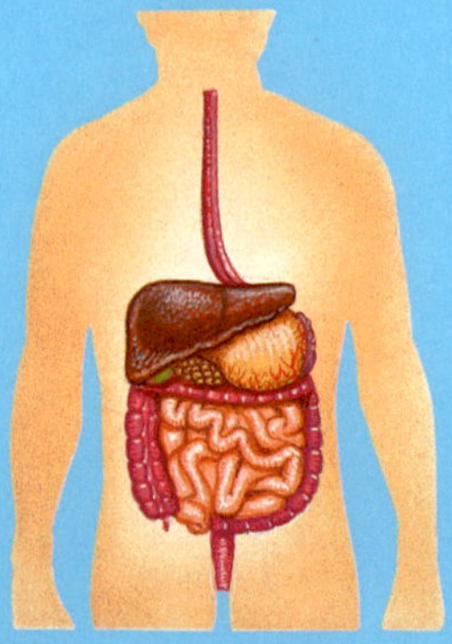

◀ Les organes qui travaillent ensemble forment un système, comme le système digestif.

Différents rôles

Chaque tissu accomplit sa propre tâche. Le tissu conjonctif sert à soutenir d'autres tissus. Une autre sorte de tissu, appelé épithélium, tapisse l'intérieur et l'extérieur du corps, empêchant les envahisseurs d'entrer et les liquides de sortir.

Écoute bien !

La plupart des organes sont situés à l'intérieur du corps. Mais tu peux parfois les sentir ou les entendre fonctionner. Écoute ton estomac gargouiller quand tu as faim et ton cœur cogner quand tu as couru.

Travail d'équipe

Quand plusieurs organes travaillent ensemble, on dit qu'ils forment un système. Par exemple, les organes du système respiratoire (le nez, les bronches et les poumons) servent tous à faire pénétrer l'oxygène dans le corps.

flash infos

- Les cellules d'un tissu sont maintenues par une sorte de colle.
- Les fibres élastiques du tissu conjonctif l'empêchent de se déchirer lors des mouvements.
- Le sang est un tissu liquide, le tissu des os est le plus dur.

◀ Lors d'un effort physique, on sent ses poumons aspirer l'air et l'expulser, et son cœur taper en pompant le sang.

Les êtres microscopiques

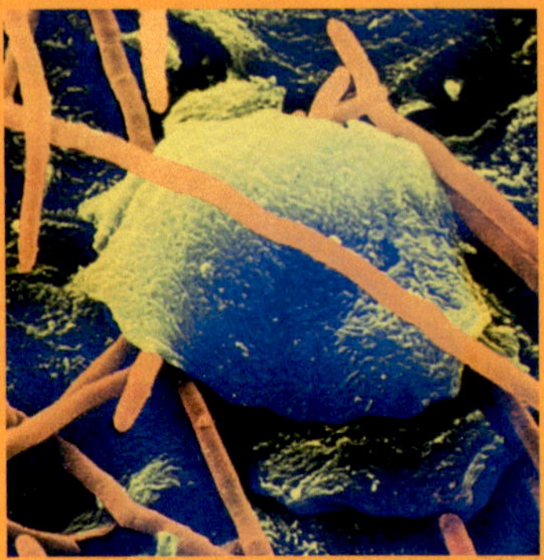

▲ Ces filaments orange sont des champignons qui grattent énormément entre les orteils.

Tu te grattes ? Oui, tu partages ton corps avec des millions d'êtres vivants. Tes intestins grouillent de bactéries. Tes cheveux et ta peau abritent des acariens microscopiques. Mais rassure-toi, ils sont inoffensifs.

▲ Tu partages ton corps avec une foule de créatures comme les bactéries de l'intestin (1), les champignons de la peau (2), les acariens des cils (3) et parfois les poux des cheveux (4).

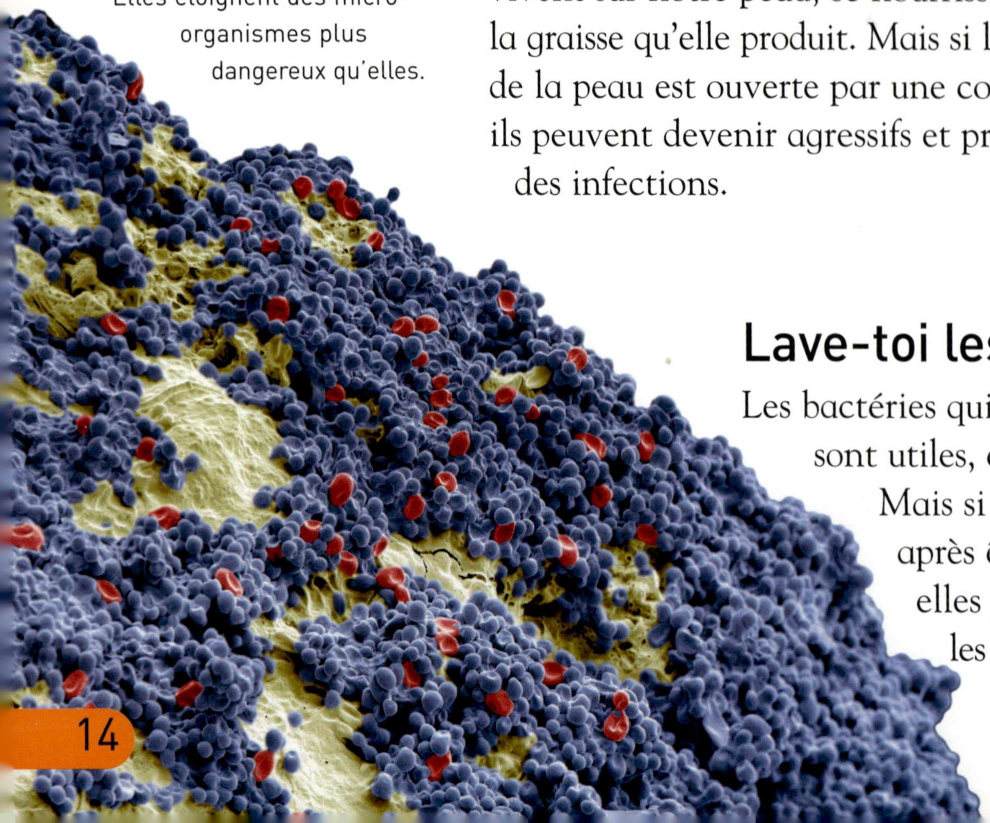

▼ Des milliards de bactéries de formes et de tailles variées recouvrent la peau. Elles éloignent des micro-organismes plus dangereux qu'elles.

L'invasion des champignons

Des champignons microscopiques vivent sur notre peau, se nourrissant de la graisse qu'elle produit. Mais si la surface de la peau est ouverte par une coupure, ils peuvent devenir agressifs et provoquer des infections.

Lave-toi les mains

Les bactéries qui vivent dans l'intestin sont utiles, elles fabriquent des vitamines. Mais si tu ne te laves pas les mains après être allé aux toilettes, elles peuvent se déposer sur les aliments et être nocives.

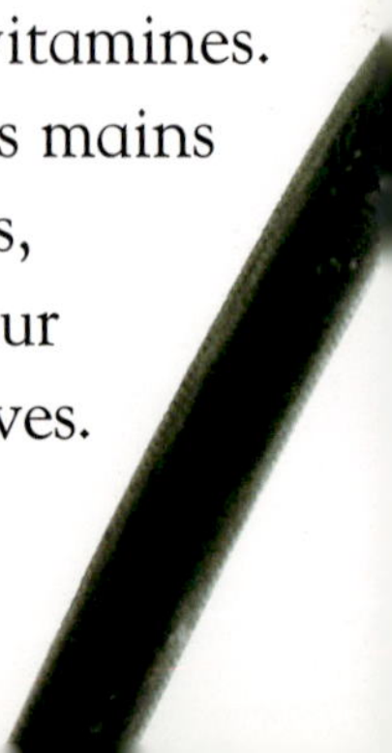

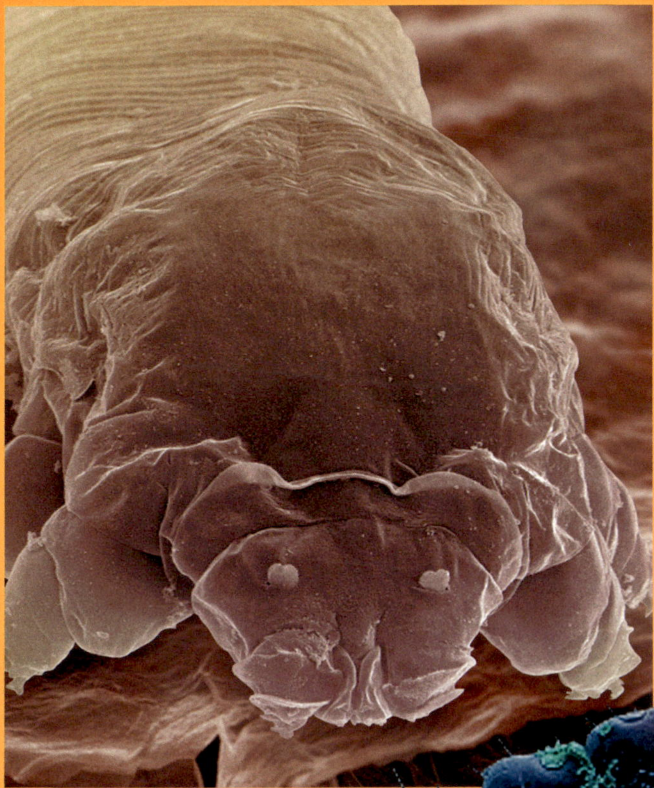

► Ces bactéries en bâton (en jaune) aident à digérer les aliments (en gris-bleu) dans l'intestin.

◄ Cet acarien des cils, grossi presque 1 000 fois, se nourrit des graisses de la peau.

▲ Ce monstre terrifiant est en fait un pou agrippé à un cheveu. Les poux doivent être détruits, même s'ils sont inoffensifs.

Énergie

Dans chaque cellule du corps, il y a des mitochondries. Elles libèrent de l'énergie, comme de minuscules centrales électriques. Mais, il y a des millions d'années, c'étaient des bactéries indépendantes, vivant hors du corps.

Des acariens minuscules

Des acariens vivent sur la peau, les poils et les cheveux. Ils se nourrissent des cellules mortes de la peau et des graisses fabriquées par les glandes. Ces acariens, que l'on trouve chez tout le monde, ne présentent aucun danger.

Le sang

Le sang est le liquide de la vie. Il circule dans des canaux appelés vaisseaux. Il apporte la nourriture et l'oxygène aux cellules, et remporte leurs déchets. Il aide le corps à se maintenir à une température stable. Il contient des cellules qui flottent dans un liquide appelé plasma.

▲ Cette poche de sang peut sauver une vie. Mais on ne peut donner ce sang qu'à une personne qui a le même groupe sanguin.

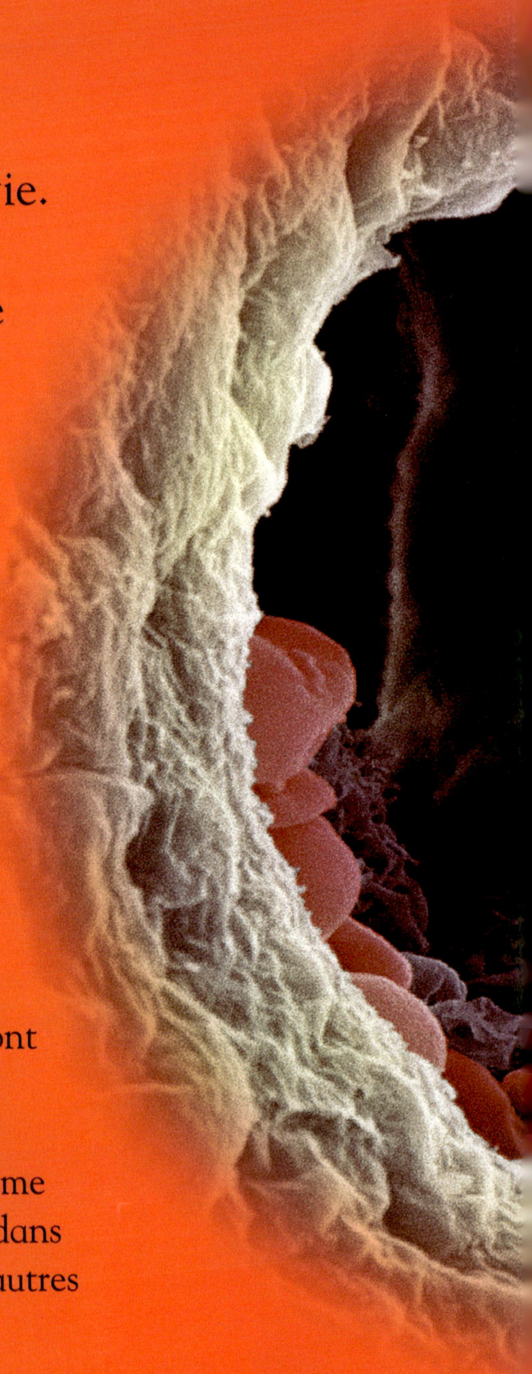

▲ Le sang se rue dans les vaisseaux sanguins. Il contient les globules rouges et blancs, qui baignent dans le plasma liquide.

Pourquoi est-il rouge ?

Presque toutes les cellules du sang sont des globules rouges, qui lui donnent sa couleur. Ces cellules transportent l'oxygène. Un globule rouge a la forme d'un beignet. Il prend l'oxygène dans les poumons et le donne aux autres cellules, dans les organes.

▼ Un globule blanc enveloppe une bactérie dangereuse (en rouge) avant de l'avaler.

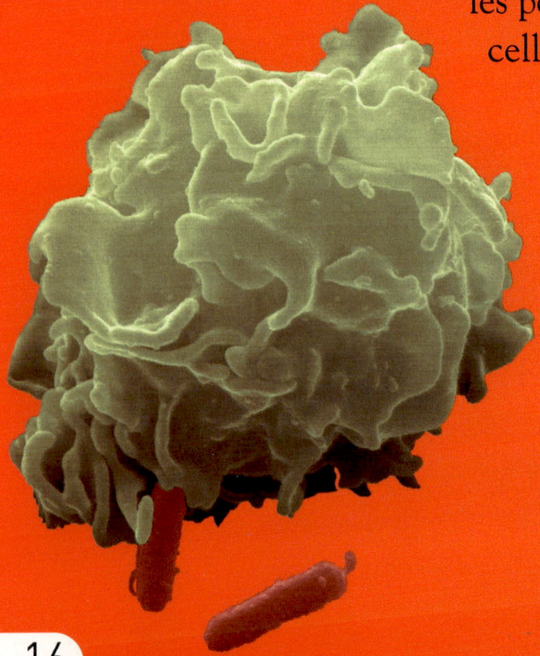

En chasse !

Les globules blancs te protègent des infections. Ils peuvent sortir du sang et chasser les microbes comme les bactéries. Certains produisent une substance qui tue le microbe. D'autres enveloppent le microbe et l'avalent.

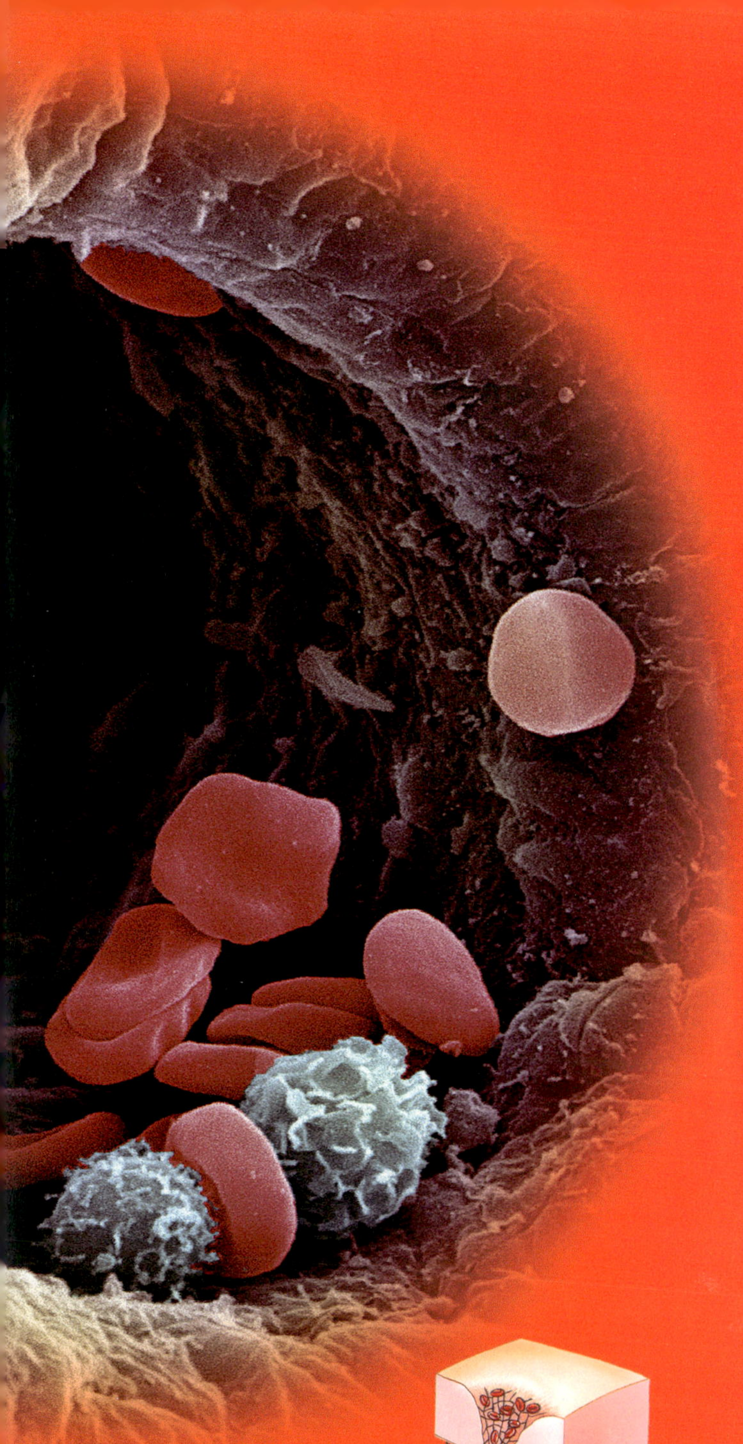

flash infos

- Seule une cellule du sang sur 700 est un globule blanc.
- Une goutte de sang contient environ 250 millions de globules rouges.

Les donneurs de sang

Quand on perd du sang, les tissus du corps manquent d'oxygène et meurent. Cela se produit lors d'un accident, par exemple. Tu peux alors être sauvé par une transfusion. On te donne du sang venant d'autres personnes, qui a été stocké pour les urgences.

▶ Pour faire un caillot, de petites cellules sanguines, les plaquettes (en vert pâle), forment un filet qui emprisonne les globules blancs et rouges.

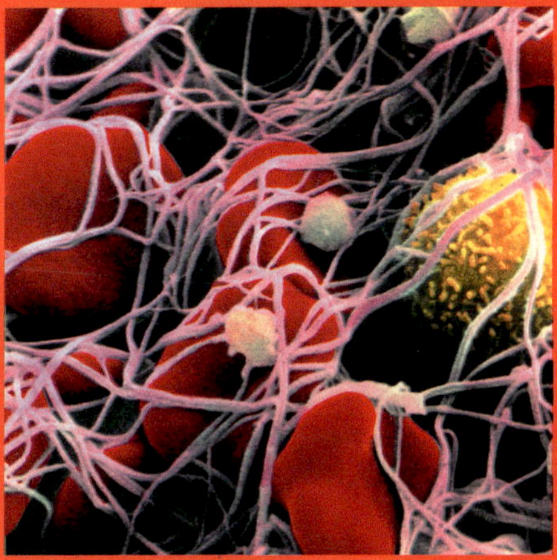

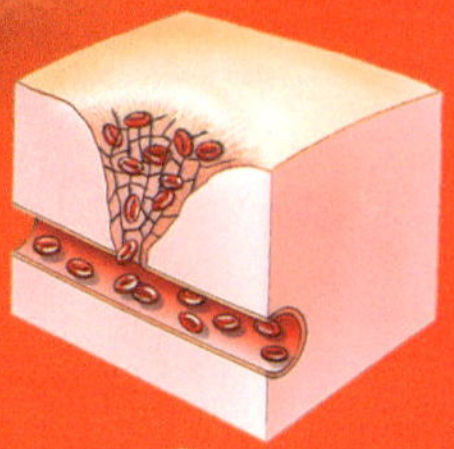

▶ Si tu te coupes, ton sang s'échappe des vaisseaux blessés.

▶ Un caillot sanguin forme alors un bouchon qui stoppe le saignement.

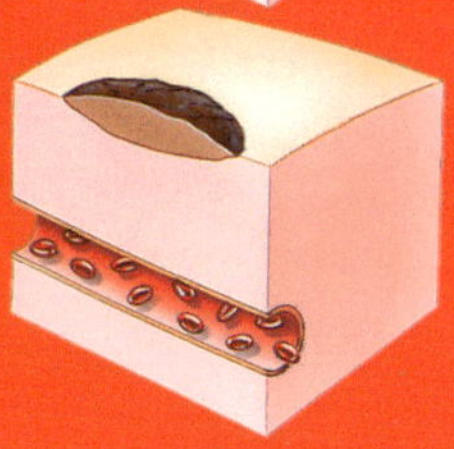

▶ Pendant la cicatrisation, le caillot se transforme en croûte.

Tu te guéris toi-même

Si tu t'écorches le genou en tombant et que tu saignes, ce saignement va s'arrêter, car ton sang va former un caillot, qui bouche le trou du vaisseau sanguin blessé.

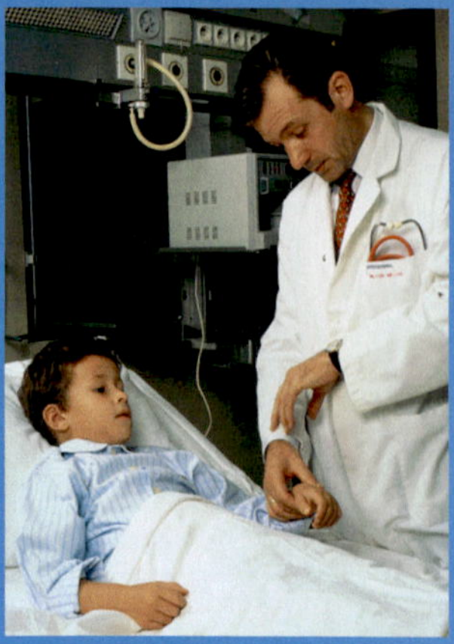

▲ Un médecin prend le pouls de ce garçon. Il sent le battement de son cœur, appelé pouls, sur l'artère du poignet.

La circulation du sang

À chaque minute de ta vie, tout ton sang traverse ton corps à travers un réseau de vaisseaux sanguins. Le sang est pompé par le cœur, qui se trouve au milieu de la poitrine.

Deux parties

Le cœur est un solide sac musculaire, gros à peu près comme le poing. Il est divisé en deux moitiés, la droite et la gauche, contenant chacune deux chambres. La chambre du haut s'appelle l'oreillette, celle du bas, le ventricule.

Infatigable !

À chaque battement, le cœur presse le sang et l'éjecte dans des vaisseaux appelés artères. La pression, appelée tension artérielle, est très forte, aussi les artères sont-elles épaisses. Le sang retourne jusqu'au cœur par les veines. La pression est alors plus faible, les veines sont donc plus fines que les artères.

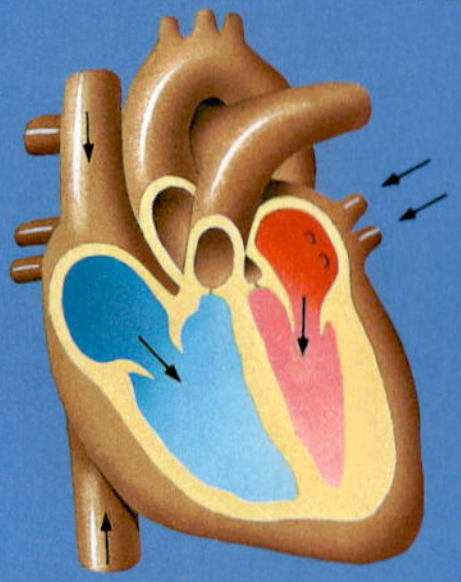

◀ Le sang des veines entre dans le cœur par les deux oreillettes.

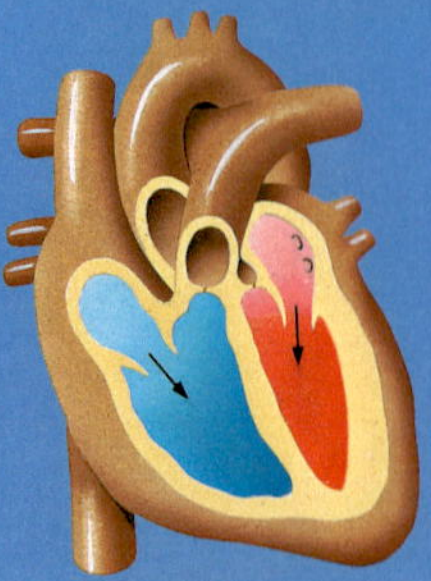

◀ Puis il passe des oreillettes aux ventricules à travers deux valves.

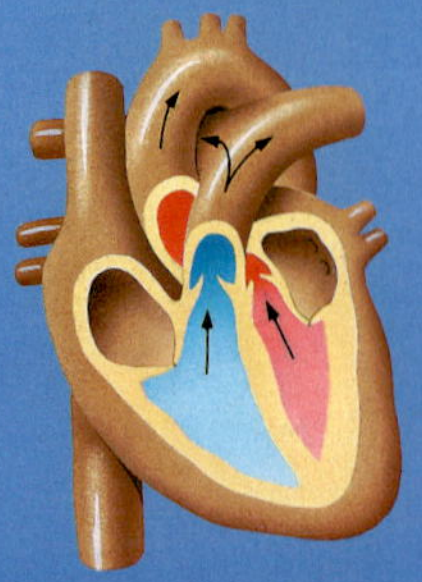

◀ Enfin, les ventricules éjectent le sang dans les artères, vers les poumons et le reste du corps.

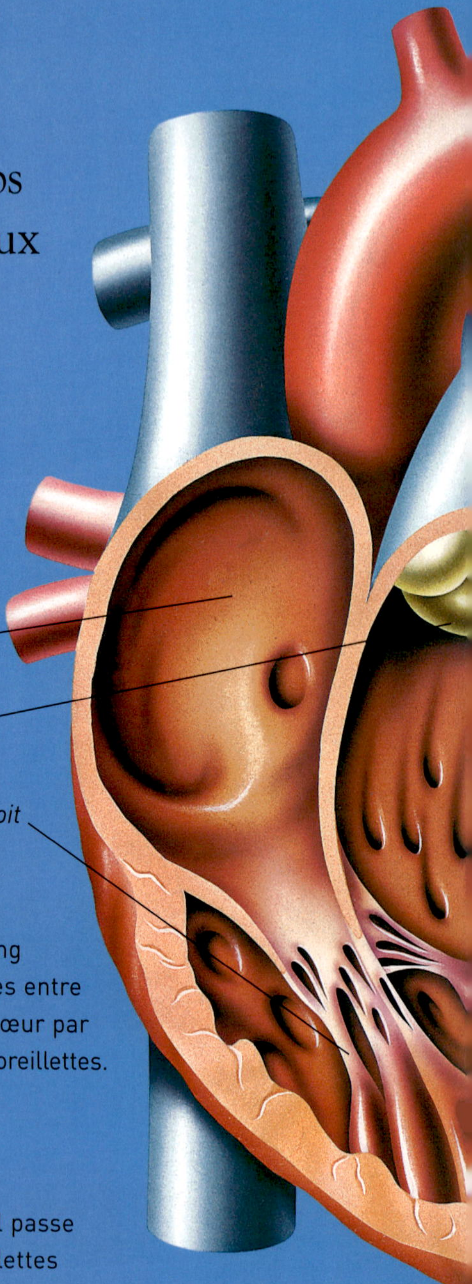

▲ Les parois du cœur sont faites de muscle. Les deux valves s'ouvrent et se ferment pour contrôler le passage du sang au moment voulu.

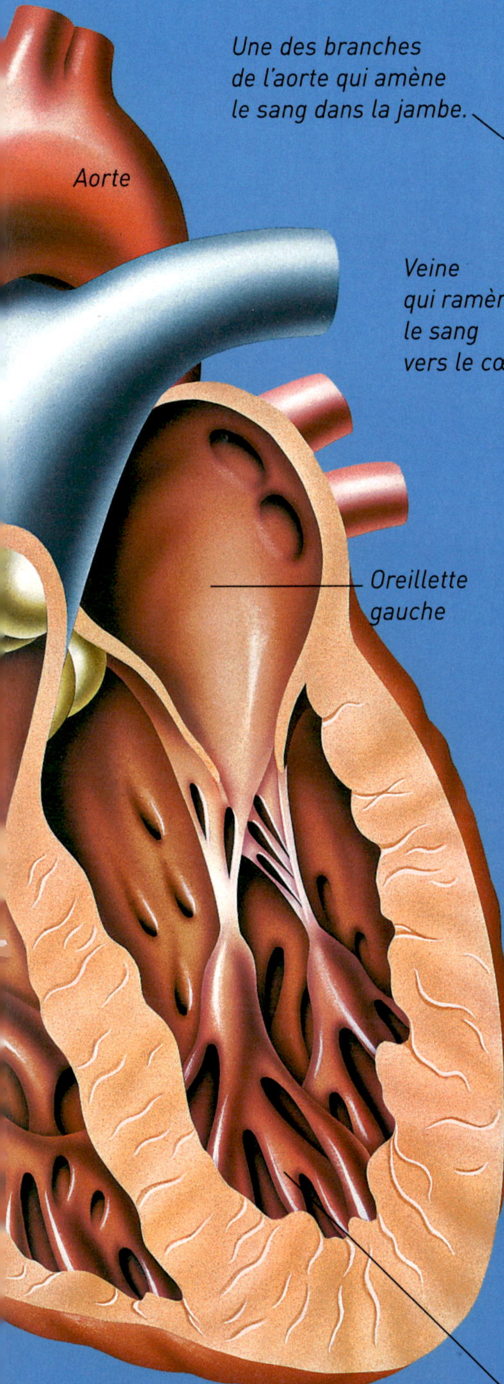

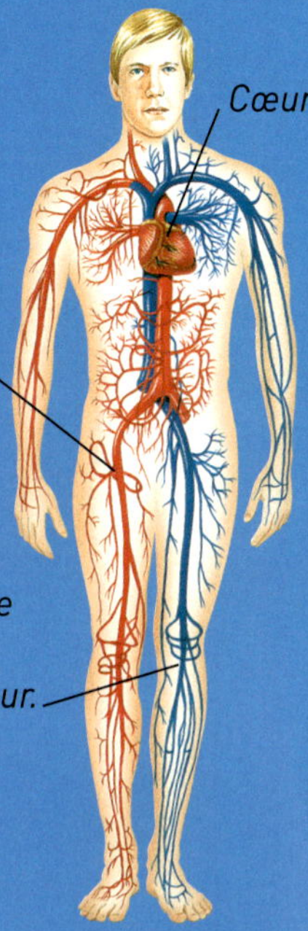

flash infos

- Si l'on mettait bout à bout tous les vaisseaux sanguins du corps, ils feraient quatre fois le tour de la Terre !
- Le cœur bat plus de 100 000 fois par jour.
- Pendant une vie entière, il bat environ 2,5 milliards de fois.

▲ Le sang qui vient des poumons (en rouge) est riche en oxygène. Le reste du sang (en bleu) est pauvre en oxygène.

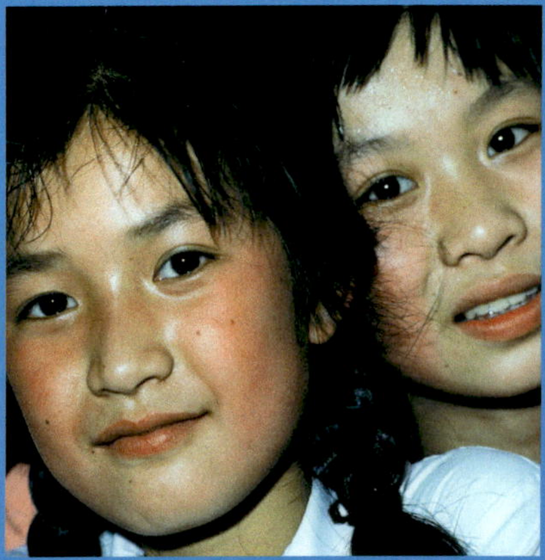

▲ Pendant un exercice, le cœur envoie plus de sang vers la peau. Cela provoque un excès de chaleur, et les joues deviennent toutes rouges.

Comme un arbre

L'artère principale du corps (l'aorte) est divisée comme une branche d'arbre et terminée par des capillaires. À travers les capillaires, le sang envoie la nourriture et l'oxygène, et reçoit les déchets.

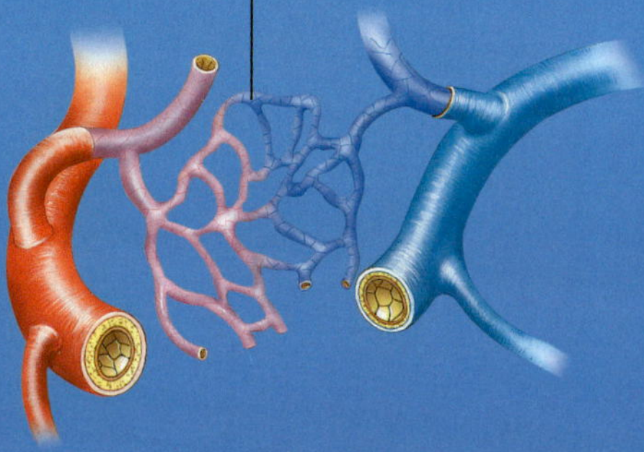

◀ Le sang coule entre une artère et une veine par un réseau de vaisseaux microscopiques, les capillaires.

Dynamique !

Entraîne ton cœur ! À l'exercice, les muscles consomment plus d'oxygène et de nourriture. Ils ont donc besoin de plus de sang. Le cœur doit travailler davantage. Il peut pomper cinq fois plus de sang à travers le corps.

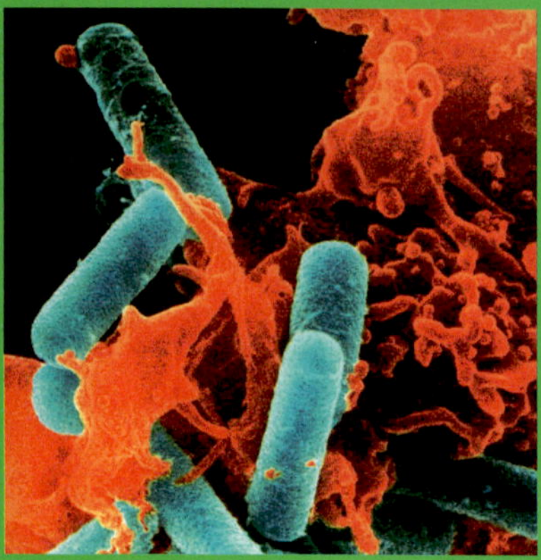

▲ Un globule blanc (en rouge) a attrapé des bactéries en bâton (en bleu).

Les défenses

Le corps est tout le temps en guerre. Il est attaqué par des microbes qui provoquent des maladies appelées infections. Heureusement, il a aussi de nombreux moyens de défense : des barrières, des cellules tueuses et des substances chimiques qui achèvent les microbes.

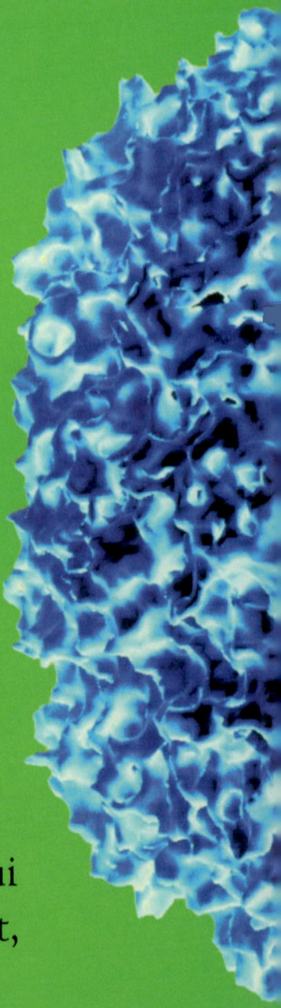

Les techniques de combat

Pour pénétrer dans le corps, les microbes comme les bactéries ou les virus doivent traverser des défenses. La peau est en première ligne. Ses cellules sont serrées les unes contre les autres pour empêcher le passage. Le nez fabrique un liquide épais, le mucus, qui piège les microbes. Les larmes, la salive et la sueur contiennent des substances qui tuent les bactéries.

Les chasseurs

Les globules blancs du sang sont des tueurs ! Ils pénètrent dans les tissus à la recherche des microbes. Quand ils les trouvent, ils fabriquent des substances qui les tuent, ou ils les enveloppent, les avalent et les digèrent.

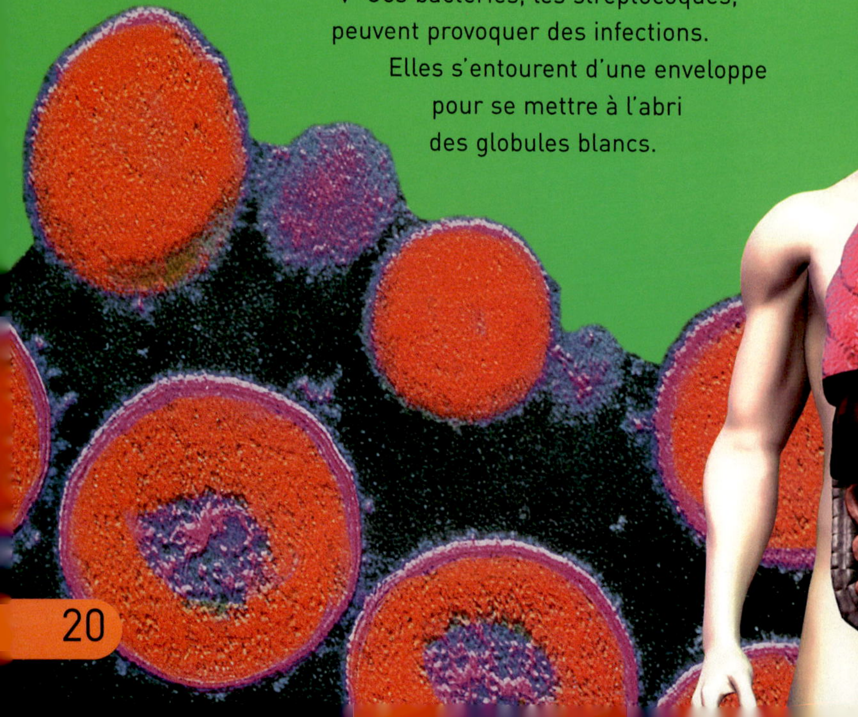

▼ Ces bactéries, les streptocoques, peuvent provoquer des infections. Elles s'entourent d'une enveloppe pour se mettre à l'abri des globules blancs.

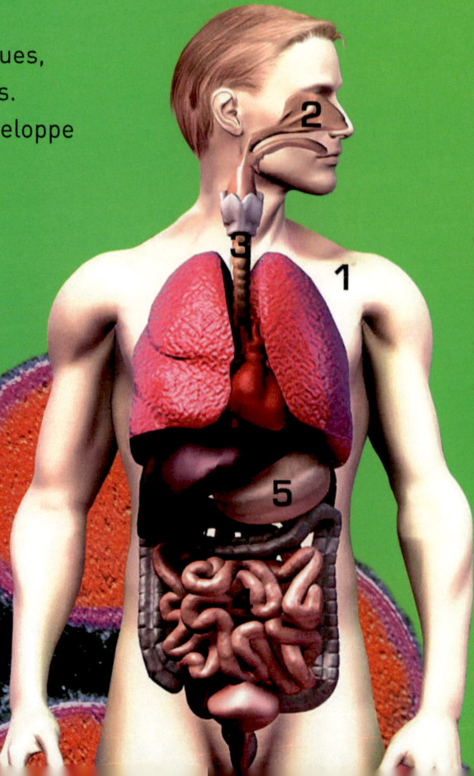

◄ Parmi les défenses de ton corps contre les envahisseurs, il y a la peau (1), le mucus du nez (2), de la trachée (3) et de l'intestin (4). Les substances acides de l'estomac (5) tuent la plupart des bactéries dangereuses.

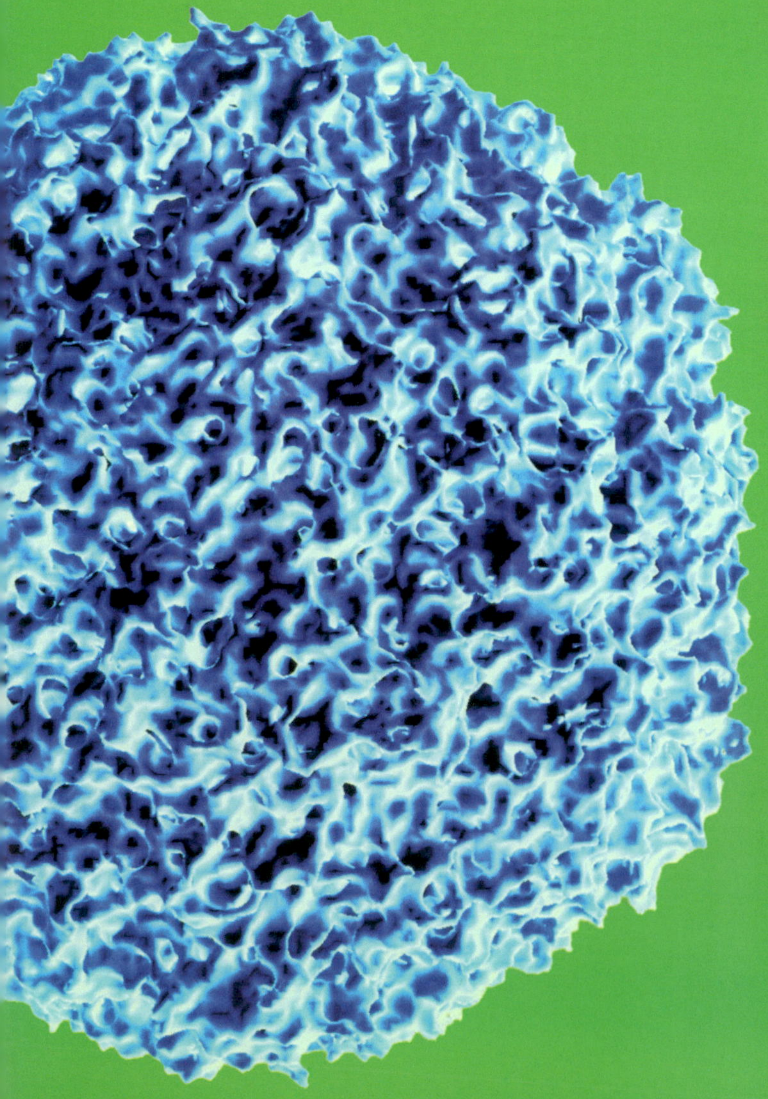

▲ Alerte ! Ce virus, grossi des milliers de fois, peut envahir le corps par le nez et provoquer un rhume.

Les anticorps

Quand un microbe pénètre dans le corps, des globules blancs appelés lymphocytes l'enregistrent dans leur mémoire. À la prochaine attaque du même microbe, ils le reconnaîtront et fabriqueront une substance appelée anticorps pour le rendre inactif.

▲ Un médecin vaccine une petite fille. Le vaccin la protégera contre les microbes qui peuvent menacer sa vie.

Les vaccins

Pendant des siècles, les gens ont redouté les maladies mortelles comme la variole ou la peste. Les vaccins, depuis le XVIIIe siècle, et les antibiotiques, depuis le XXe siècle, ont permis de sauver des millions de vies.

▶ Le microscope, inventé il y a plus de 300 ans, permet aux savants de voir les bactéries.

flash infos

- Le lait maternel contient des anticorps qui protègent le bébé.
- En cas d'infection, la température du corps augmente (fièvre) pour empêcher les microbes de se multiplier.

La digestion

Le corps a besoin de nourriture pour grandir et se régénérer. Cette nourriture doit être digérée, c'est-à-dire broyée en minuscules particules appelées nutriments. C'est le travail du système digestif, et surtout de la bouche, de l'estomac et de l'intestin.

◀ La digestion commence dans la bouche. Les dents coupent et mâchent la nourriture. La langue permet de la mélanger.

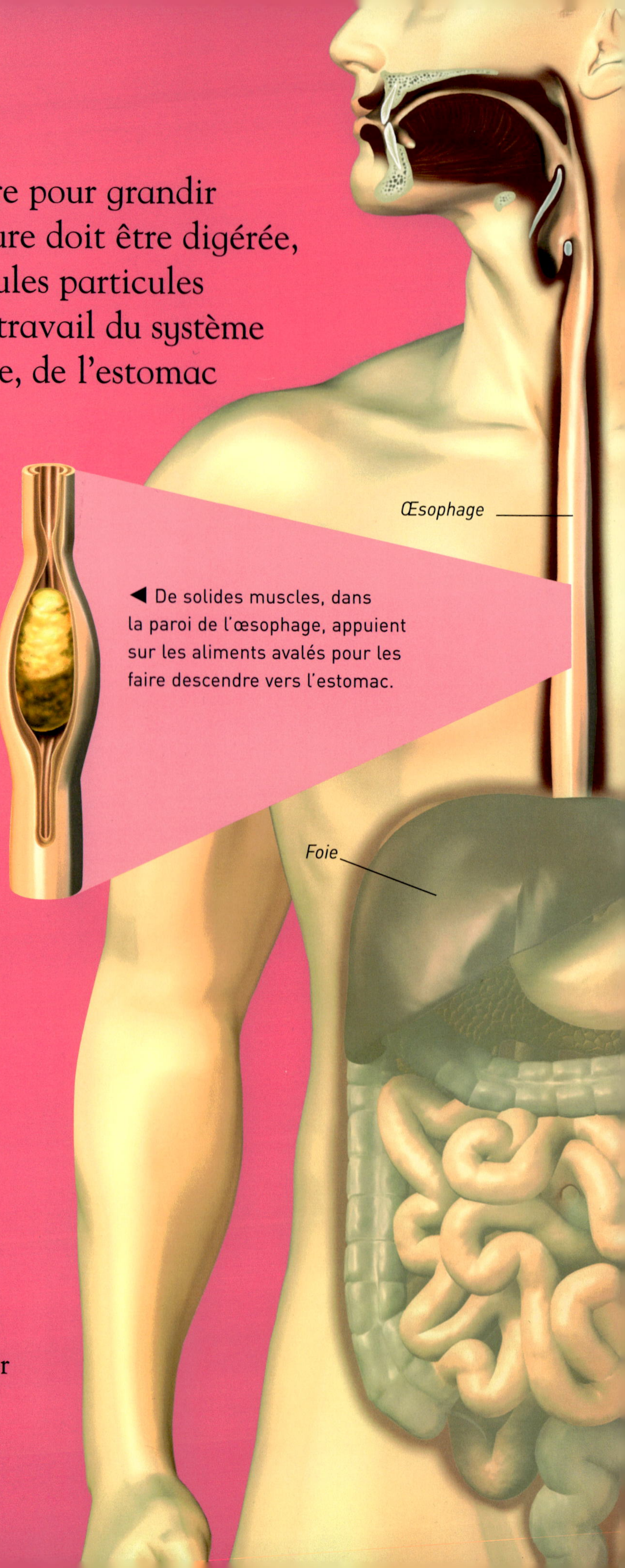

◀ De solides muscles, dans la paroi de l'œsophage, appuient sur les aliments avalés pour les faire descendre vers l'estomac.

Broyer les aliments

Les dents sont comme des broyeurs qui mâchent et déchiquettent les aliments plus ou moins durs. La salive contient des substances qui facilitent la digestion.

Un estomac extensible

L'estomac est un sac musculaire extensible et très solide. Il broie et écrase les aliments que tu as avalés. Des liquides, les sucs digestifs, aident à briser ces aliments, qui peuvent rester plusieurs heures dans l'estomac avant de passer dans l'intestin.

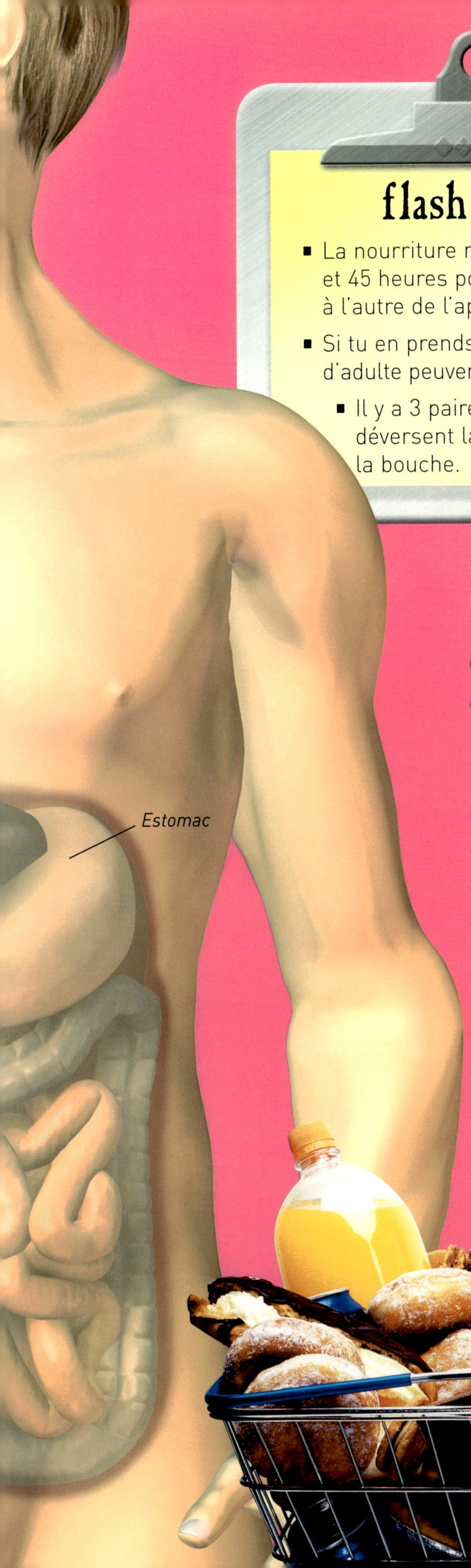

flash infos

- La nourriture met entre 20 et 45 heures pour aller d'un bout à l'autre de l'appareil digestif.
- Si tu en prends soin, tes dents d'adulte peuvent durer toute ta vie.
- Il y a 3 paires de glandes qui déversent la salive dans la bouche.

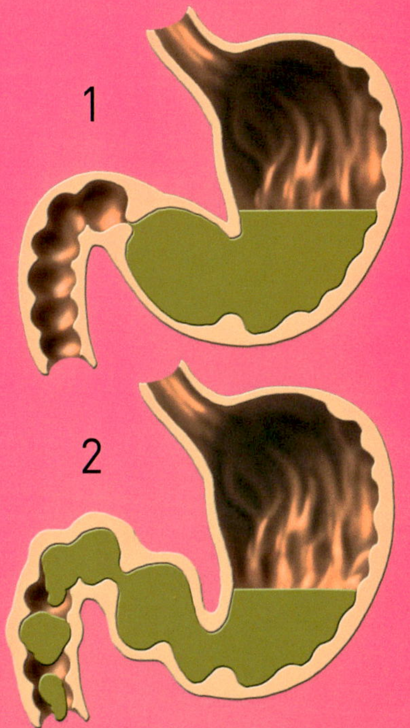

▲ La paroi musculaire de l'estomac brasse les aliments (1), avant de les pousser vers l'intestin (2). L'estomac peut contenir plus de 4 litres d'aliments.

Les besoins

Chaque jour, nous avons besoin de beaucoup de glucides pour l'énergie, de protéines pour la croissance et les réparations, d'un peu de graisse et de sucre, et de beaucoup d'eau. Il faut aussi des vitamines et des minéraux pour que le corps fonctionne bien.

◀ L'œsophage amène les aliments vers l'estomac, qui les accumule et les digère.

▼ Ces aliments contiennent beaucoup de graisse, de sucre et de sel. Les fruits et les légumes sont meilleurs pour ton corps, car ils lui procurent des fibres, des vitamines et des minéraux.

Les intestins

La nourriture quitte l'estomac et pénètre dans l'intestin grêle. Là, elle est brisée en particules de plus en plus petites, les nutriments. Elle traverse ensuite la paroi de l'intestin vers le courant sanguin. Les matières qui restent sont poussées à l'extérieur par le gros intestin.

Un long tube

L'intestin grêle est un tube de 6 m de long qui absorbe la nourriture. Il est tapissé de millions de villosités microscopiques, ressemblant à des cheveux. Elles permettent aux nutriments d'arriver dans le sang.

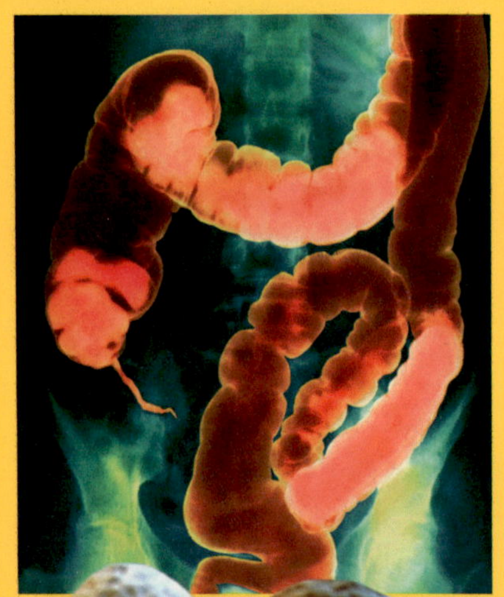

◀ Le gros intestin a pour rôle d'évacuer les déchets alimentaires. Il mesure environ 1,50 m de long.

▼ Les villosités qui couvrent l'intestin grêle ont une forme qui rappelle des cheveux coupés en brosse.

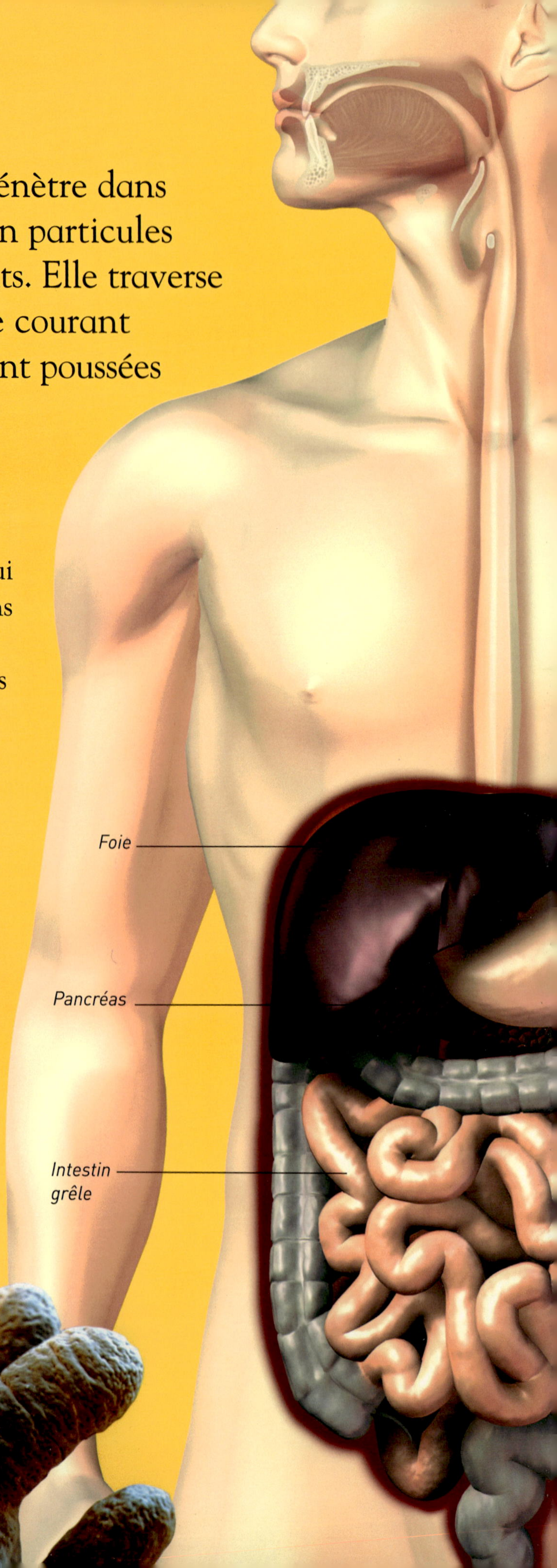

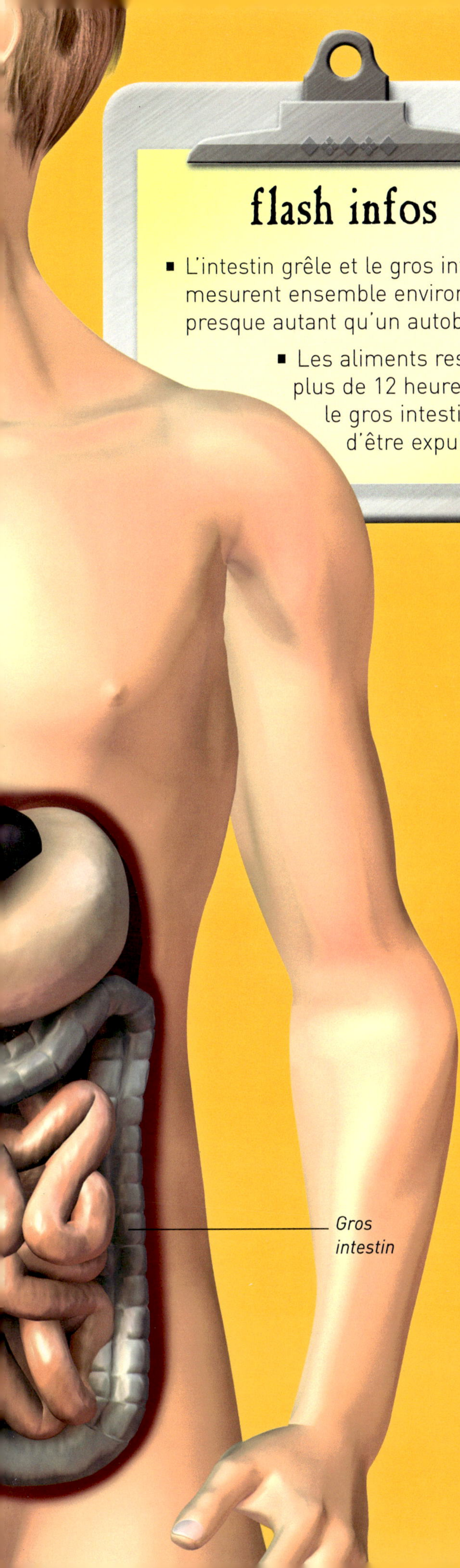

flash infos

- L'intestin grêle et le gros intestin mesurent ensemble environ 8 m, presque autant qu'un autobus.
- Les aliments restent plus de 12 heures dans le gros intestin avant d'être expulsés.

Un gros travailleur

Le foie est le plus gros et le plus actif des organes. Son rôle principal est de ramasser et de traiter les nutriments qui viennent de l'intestin par le sang.

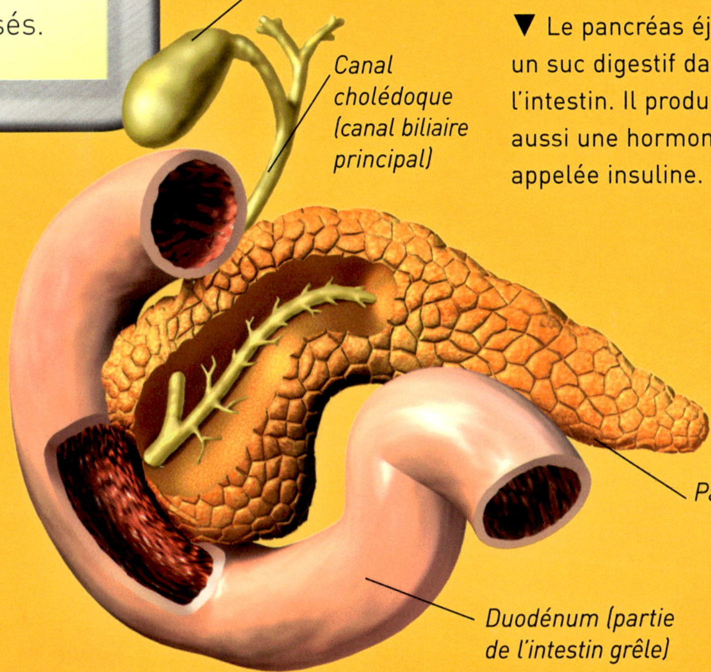

▼ Le pancréas éjecte un suc digestif dans l'intestin. Il produit aussi une hormone appelée insuline.

La bile

Sous le foie se trouve un petit sac, la vésicule biliaire, qui fabrique la bile. Ce liquide vert et gluant est éjecté dans l'intestin pour aider à la digestion des graisses.

Pour finir

Le gros intestin est un long tube creux qui termine le tube digestif. Sa paroi est lisse et produit un mucus visqueux. Les déchets alimentaires glissent ainsi facilement, et sortent par l'anus.

Le souffle de la vie

Grâce au système respiratoire, qui comprend le nez, la gorge et les poumons, l'oxygène est capté dans l'air et entre dans le sang. L'oxygène est alors distribué aux cellules, qui en ont besoin pour libérer de l'énergie.

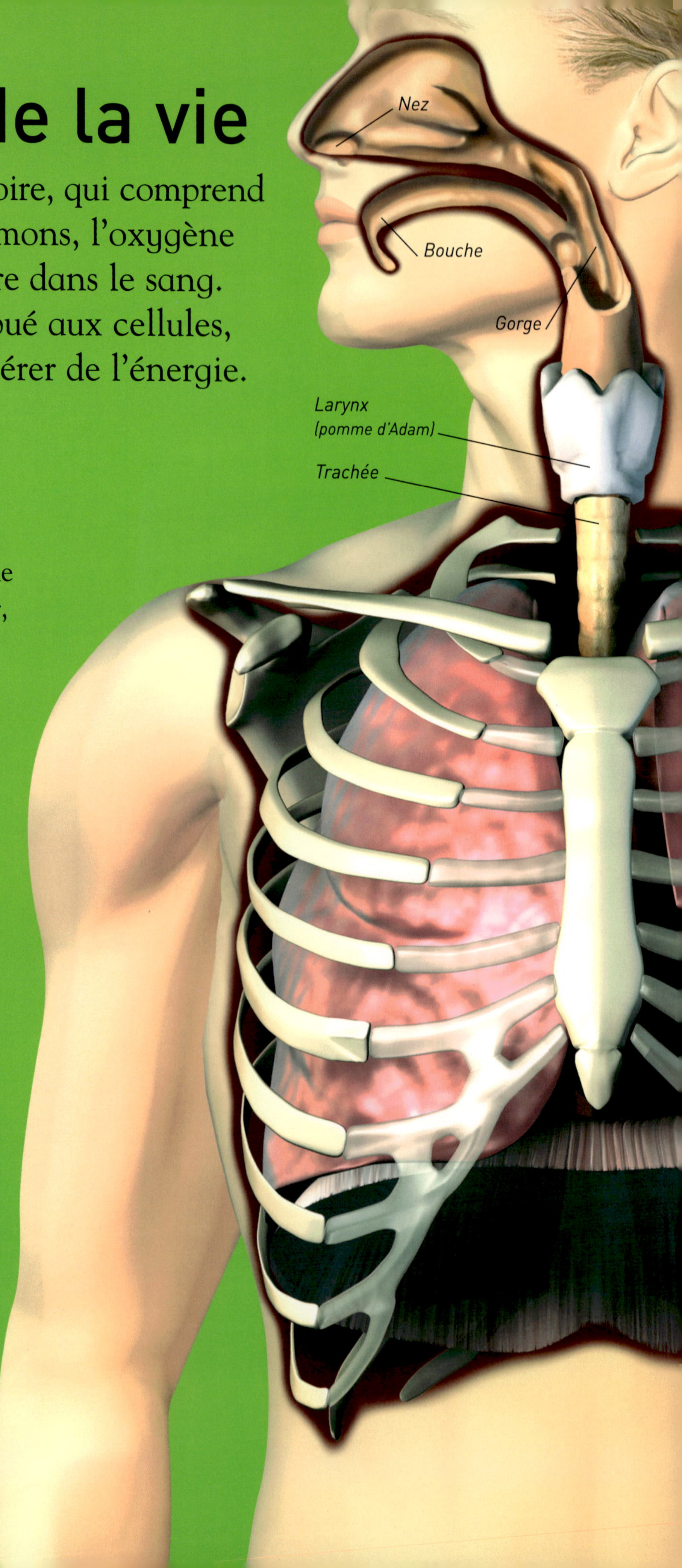

L'inspiration

Si tu mets les mains sur la poitrine pendant que tu fais entrer de l'air, tu sens tes poumons se gonfler. Ces organes attirent l'air, surtout à l'aide d'un grand muscle aplati sous les poumons, le diaphragme.

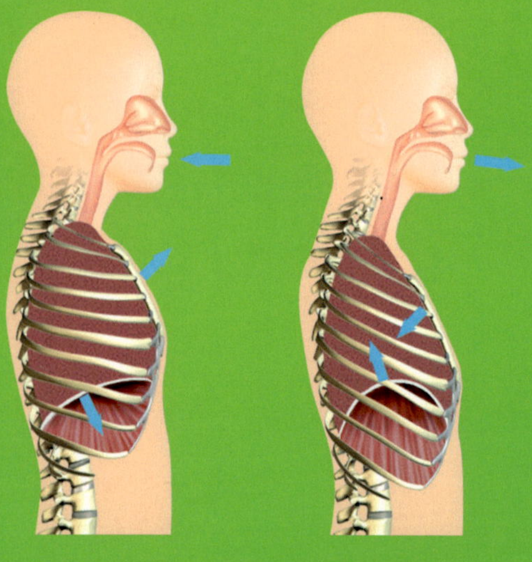

▲ Quand tu inspires, les muscles accroissent la place dans la poitrine, ce qui attire l'air dans les poumons.

▲ Quand tu expires, les muscles se relâchent, la place dans la poitrine diminue, et l'air est poussé en dehors des poumons.

Interdit d'entrer

Le larynx est situé à l'entrée de la trachée. La trachée est un gros tube qui va vers les poumons. Un petit volet, appelé épiglotte, se trouve à l'entrée du larynx. Il se ferme quand on avale, et empêche ainsi la nourriture d'aller dans les poumons.

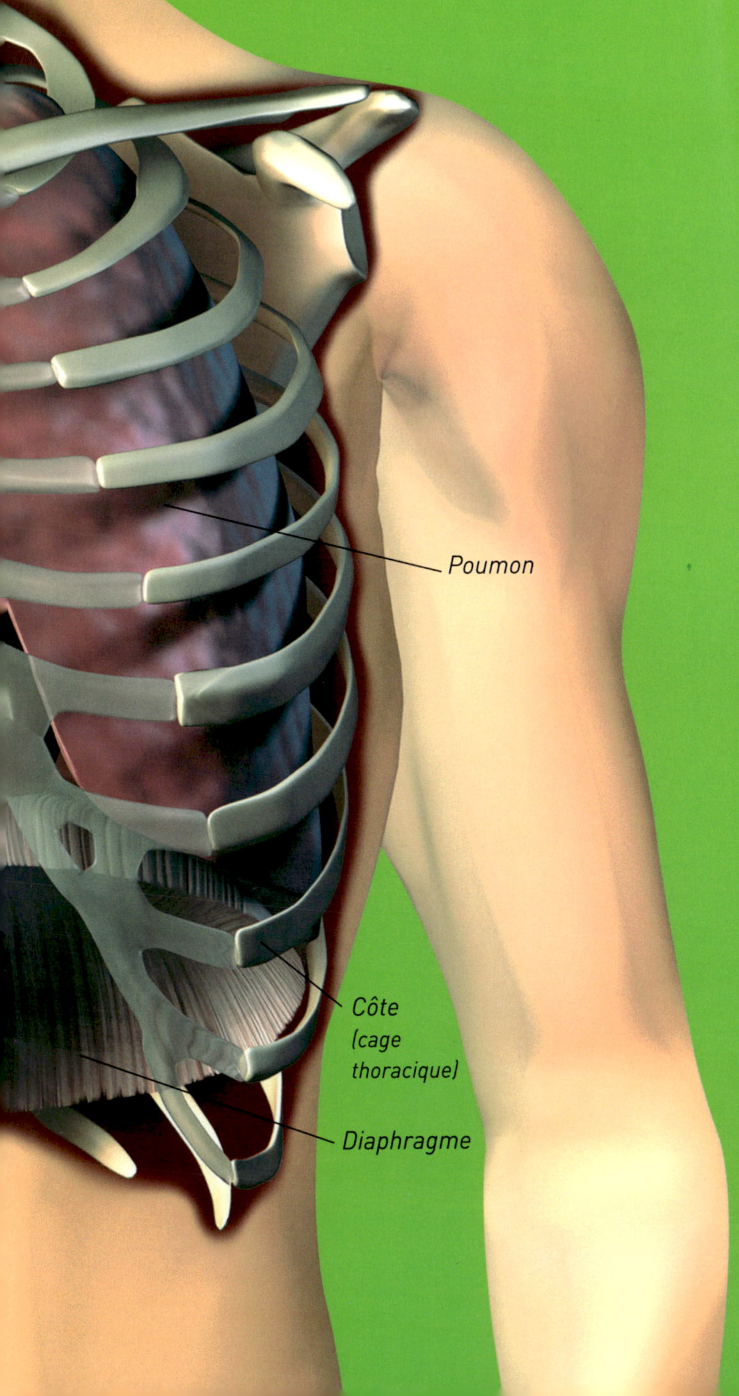

flash infos

- Sans oxygène, les cellules du cerveau ne peuvent vivre que quelques minutes.
- Le hoquet est dû à une brusque contraction du diaphragme.

La voix

Le larynx contient deux bourrelets appelés cordes vocales. Quand tu expires, l'air sous pression fait vibrer ces cordes vocales en passant. Cela produit un son, qui devient un mot quand tu bouges la langue et les lèvres.

▼ Les vibrations des cordes vocales te permettent de chanter ou de parler. Ce sont deux cordons qui dessinent un V horizontal.

Les poumons

Les poumons sont deux grands organes spongieux situés dans la poitrine. Ils sont protégés par la cage thoracique. Ils contiennent des millions de minuscules sacs d'air appelés alvéoles, qui font passer l'oxygène dans le sang. Ils rejettent un gaz nocif, le dioxyde de carbone.

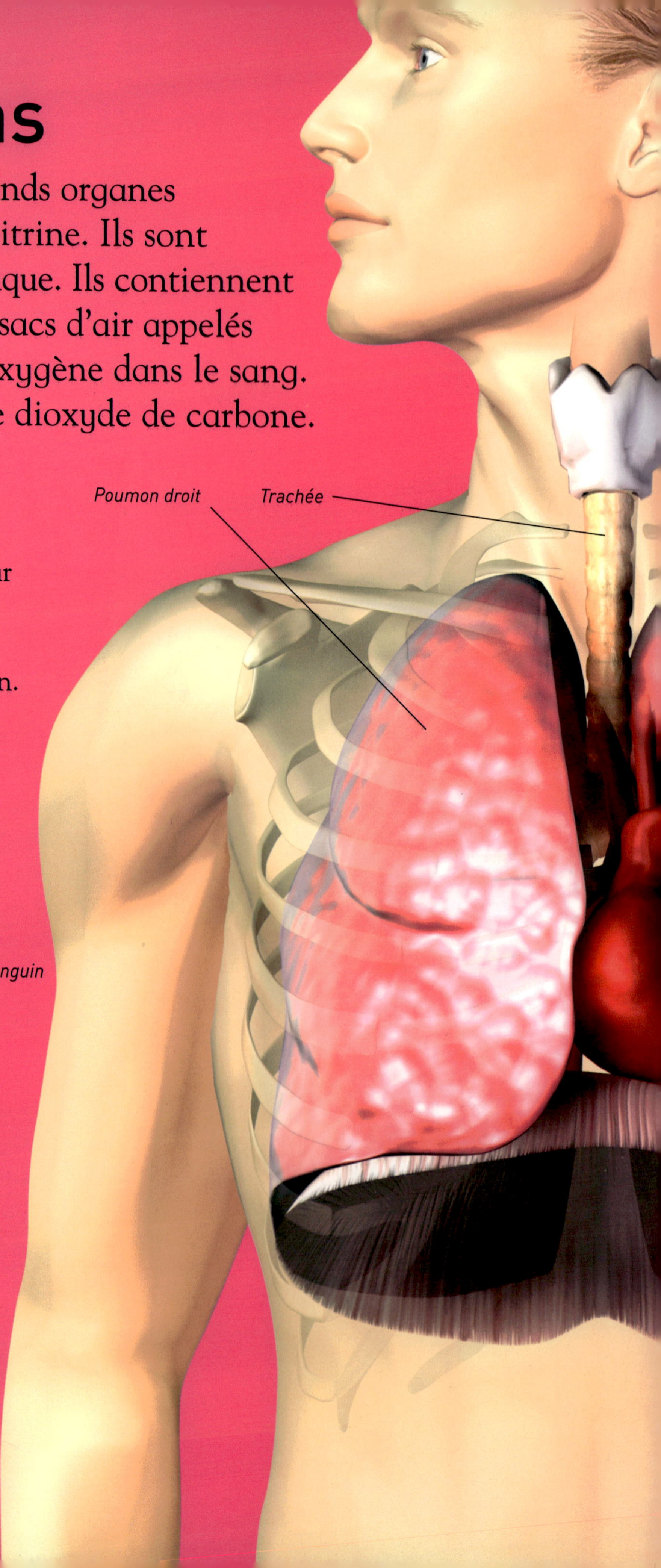

Une vraie forêt

Les poumons sont reliés à l'extérieur par la trachée. Ce canal se divise en bas en deux grosses bronches, chacune pénétrant dans un poumon. La grosse bronche se divise ensuite comme une branche d'arbre. Les plus petites branches se terminent dans des alvéoles.

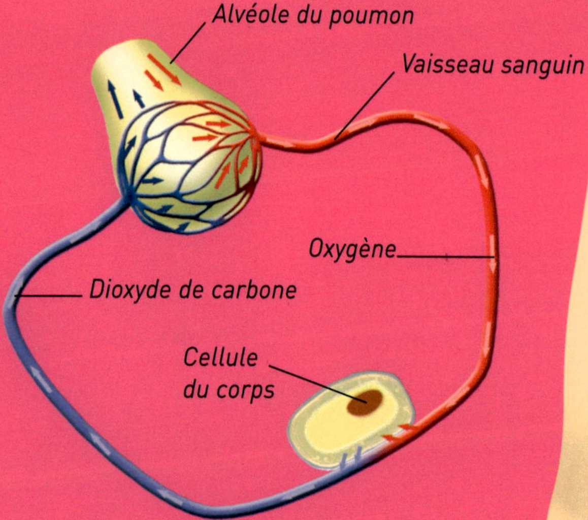

▲ L'oxygène des poumons est transporté par le sang vers les cellules. Le dioxyde de carbone est rejeté par les cellules et expulsé.

▼ L'air est d'abord nettoyé et humidifié dans le nez et la gorge. Puis il entre dans les poumons par des canaux en forme de branches, qui se terminent par des alvéoles ressemblant à des grappes de raisin *(ci-dessous)*.

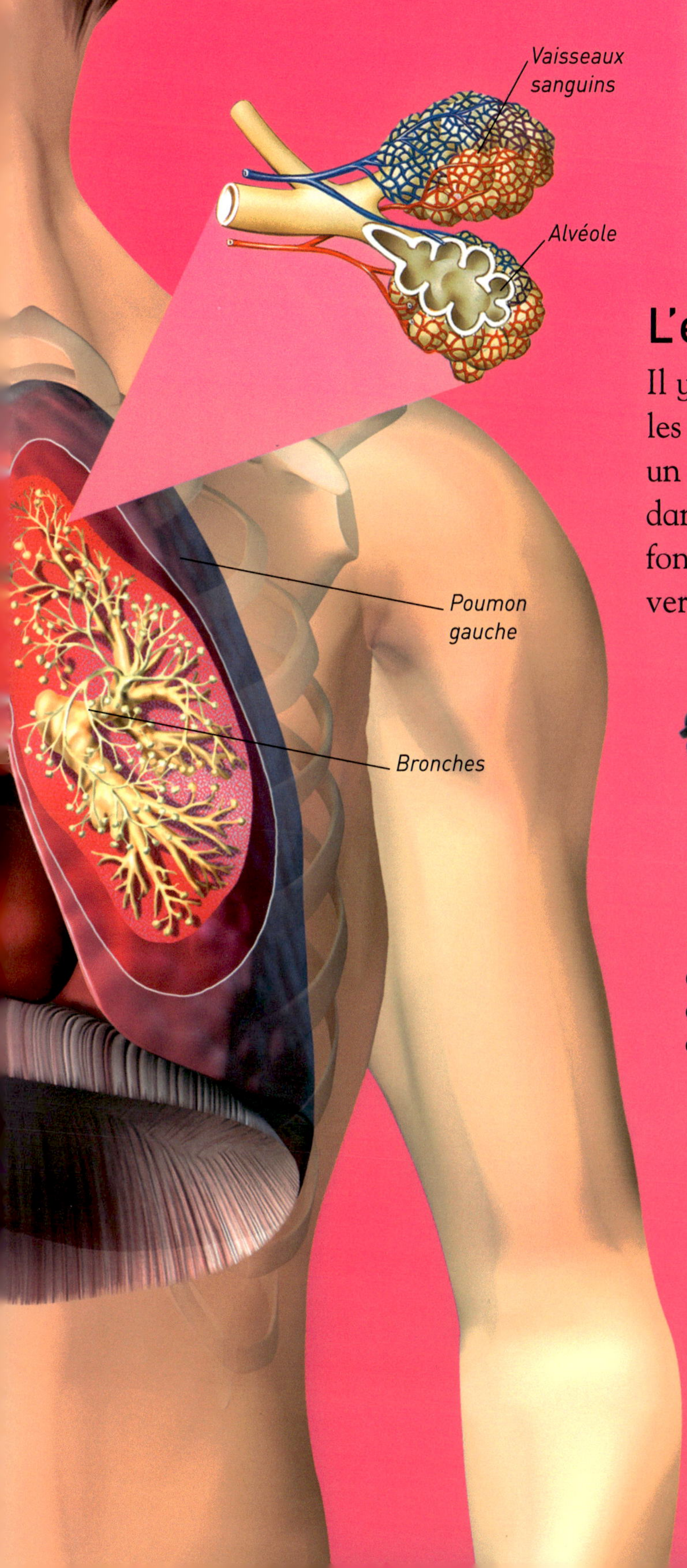

flash infos

- Le poumon gauche est légèrement plus petit que le droit, à cause de la place prise par le cœur.
- Une maladie, si elle n'est pas traitée, peut faire perdre l'usage d'un poumon : c'est la tuberculose.

L'échange des gaz

Il y a plus de 300 millions d'alvéoles dans les poumons. Chacune est couverte par un réseau de vaisseaux qui amènent l'oxygène dans le sang. Par ailleurs, les alvéoles font passer le gaz carbonique du sang vers l'air expiré.

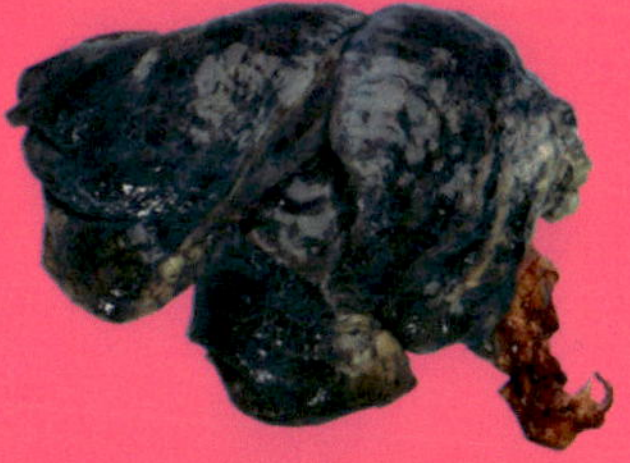

▲ Voici le poumon d'une personne qui fumait. Il a été noirci par les substances chimiques du tabac.

▲ Les poumons sains sont propres et roses.

Une habitude salissante

Les poumons sains sont lisses, roses et brillants. Ceux des fumeurs sont sombres et sales. Le tabac endommage les poumons et gêne leur fonctionnement. La respiration devient difficile.

Grand nettoyage

En même temps que le corps produit de l'énergie, répare des cellules endommagées et en construit de nouvelles, il a besoin de se débarrasser des déchets. S'il les laisse s'accumuler, il sera empoisonné. Heureusement, il dispose d'ingénieux systèmes de nettoyage.

L'épuration du sang

Les déchets chimiques des cellules sont d'abord emportés par le sang. Puis le sang est nettoyé par les deux reins. Chaque rein contient plus d'un demi-million de filtres minuscules qui éliminent les substances dangereuses et l'excès d'eau. Le liquide qui en résulte, appelé urine, s'écoule du rein par l'uretère, vers la vessie.

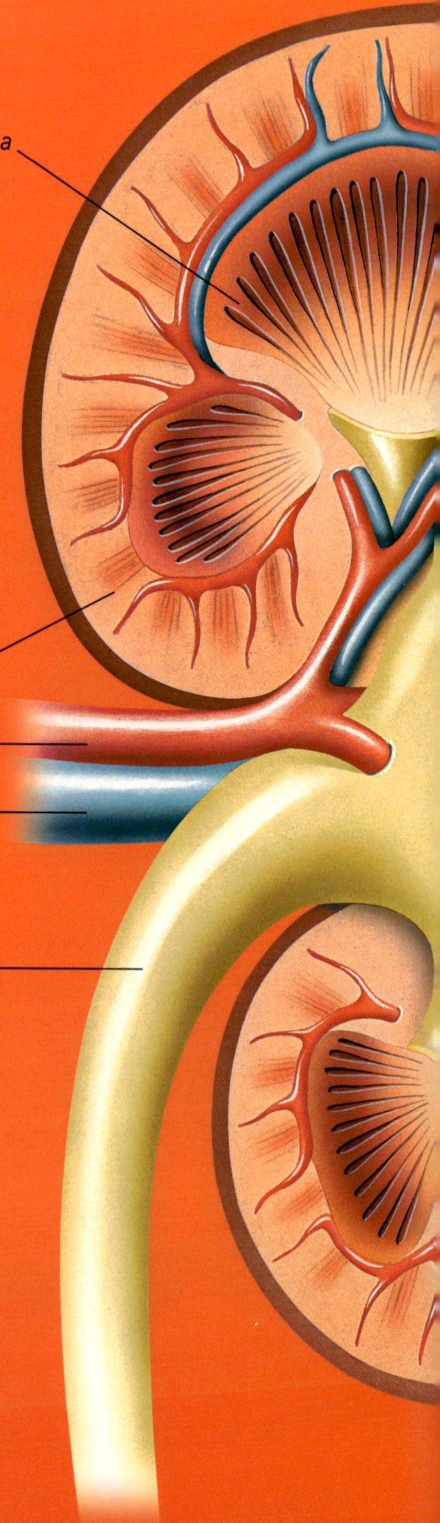

▶ Voici un rein coupé en deux dans le sens de la hauteur. On voit la medulla et le cortex. Ils contiennent des filtres minuscules pour nettoyer le sang et éliminer l'eau en excès.

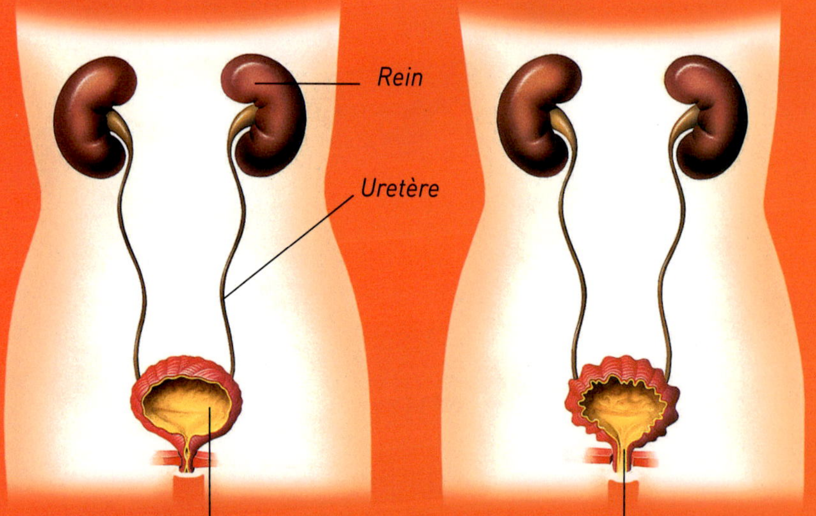

▲ L'urine s'écoule des reins par deux longs tubes, les uretères, qui se terminent dans la vessie.

▲ Quand la vessie est pleine, des signaux avertissent le cerveau qu'il faut la vider.

Le foie

Le foie détruit des déchets chimiques. C'est une vraie usine de recyclage. Il peut réutiliser certains ingrédients pour fabriquer de nouvelles substances. Le foie neutralise aussi certains médicaments et l'alcool, qui pourraient être dangereux.

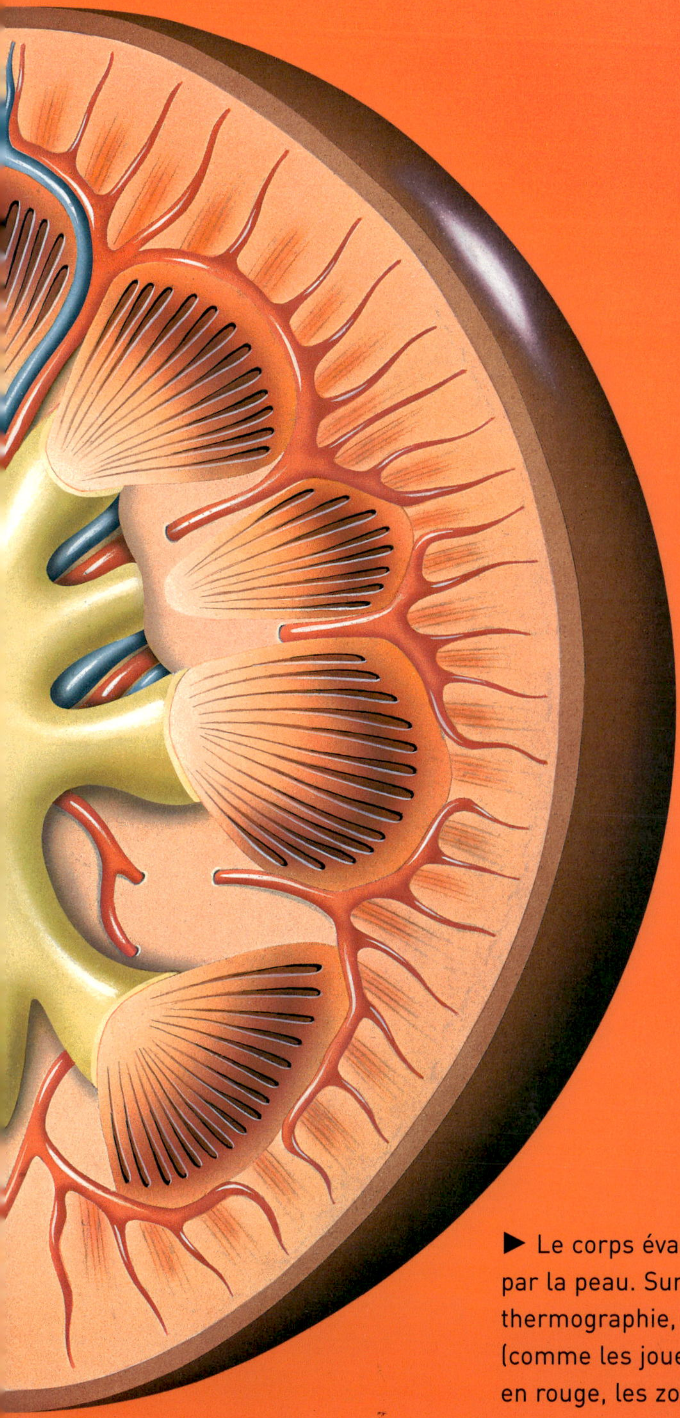

flash infos

- Il y a des gens qui vivent normalement avec un seul rein.
- Il faut boire au moins 8 verres d'eau par jour pour rester en bonne santé.
- Le sang est nettoyé par les reins environ 60 fois par jour.

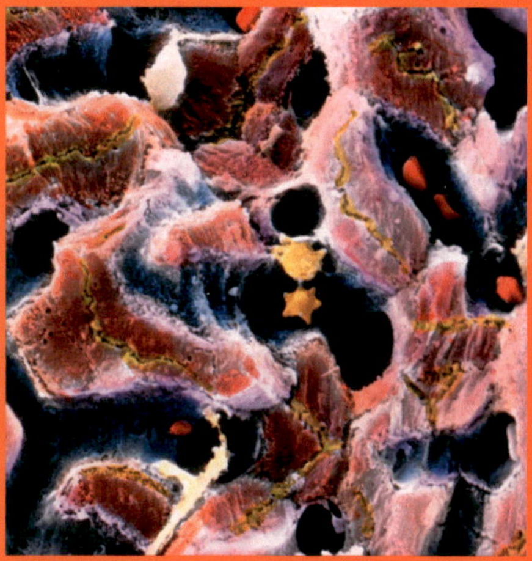

► Dans le foie, le sang coule dans des vaisseaux, entre des rangées de cellules hépatiques. Le foie détruit des poisons et stocke des vitamines.

Chaleur et sueur

Quand on a chaud, le sang afflue à la surface du corps. La chaleur s'évacue à travers la peau. On transpire aussi. On perd alors de l'eau et du sel. L'évaporation de la sueur permet aussi de perdre de la chaleur.

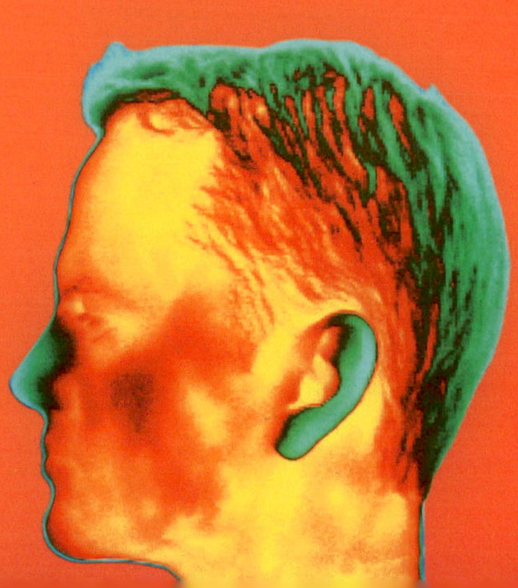

► Le corps évacue l'excès de chaleur par la peau. Sur cette image, appelée thermographie, les zones chaudes (comme les joues) sont montrées en rouge, les zones froides en bleu.

La peau

Imagine que tu es une minuscule créature sur la peau. Tu devrais te débattre dans une jungle de poils, en évitant des dizaines de pores suintant la sueur ! La peau est le plus grand et le plus lourd des organes. Résistante et étanche, elle empêche les microbes et la poussière d'entrer.

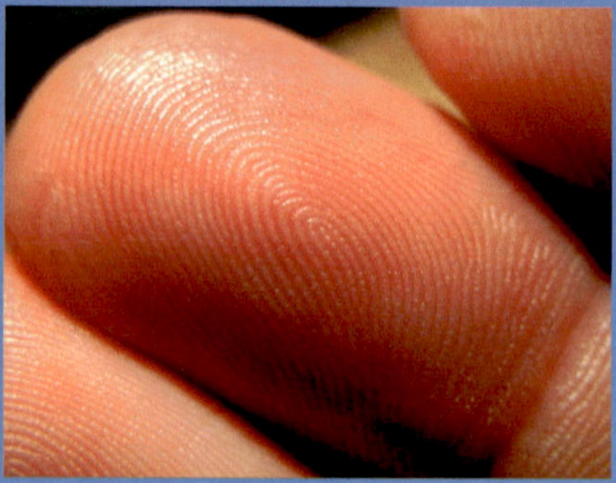

▲ Chacun a une empreinte digitale unique au bout des doigts. Compare les tiennes avec celles d'un ami.

Les empreintes digitales

Chacun a ses propres empreintes digitales. Même si tu te blesses les doigts, tes empreintes reformeront toujours le même dessin. Les rides des empreintes possèdent des centaines de glandes qui fabriquent de la sueur pour maintenir la peau fraîche.

◀ Il y a beaucoup de nuances de couleurs de cheveux. Mais sous la couche superficielle de la peau (l'épiderme), nous nous ressemblons beaucoup plus.

De vrais outils

Les ongles sont des outils solides, utiles pour gratter ou agripper. Ils se composent de cellules mortes et d'une substance très dure, la kératine.

▶ Voici l'image agrandie de poils émergeant de la peau du visage. Un cheveu peut grandir de 15 cm par an.

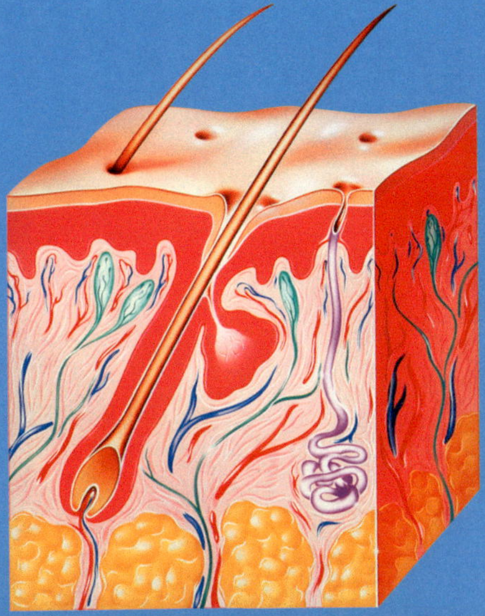

◀ La peau a toute une gamme de détecteurs. Les détecteurs pour le toucher léger et la pression sont situés près de la surface.

flash infos

- Le cheveu au-dessus de la peau est mort. Sinon, ce serait très douloureux de se couper les cheveux !
- Pendant la vie, les ongles poussent d'environ 2 m de long.

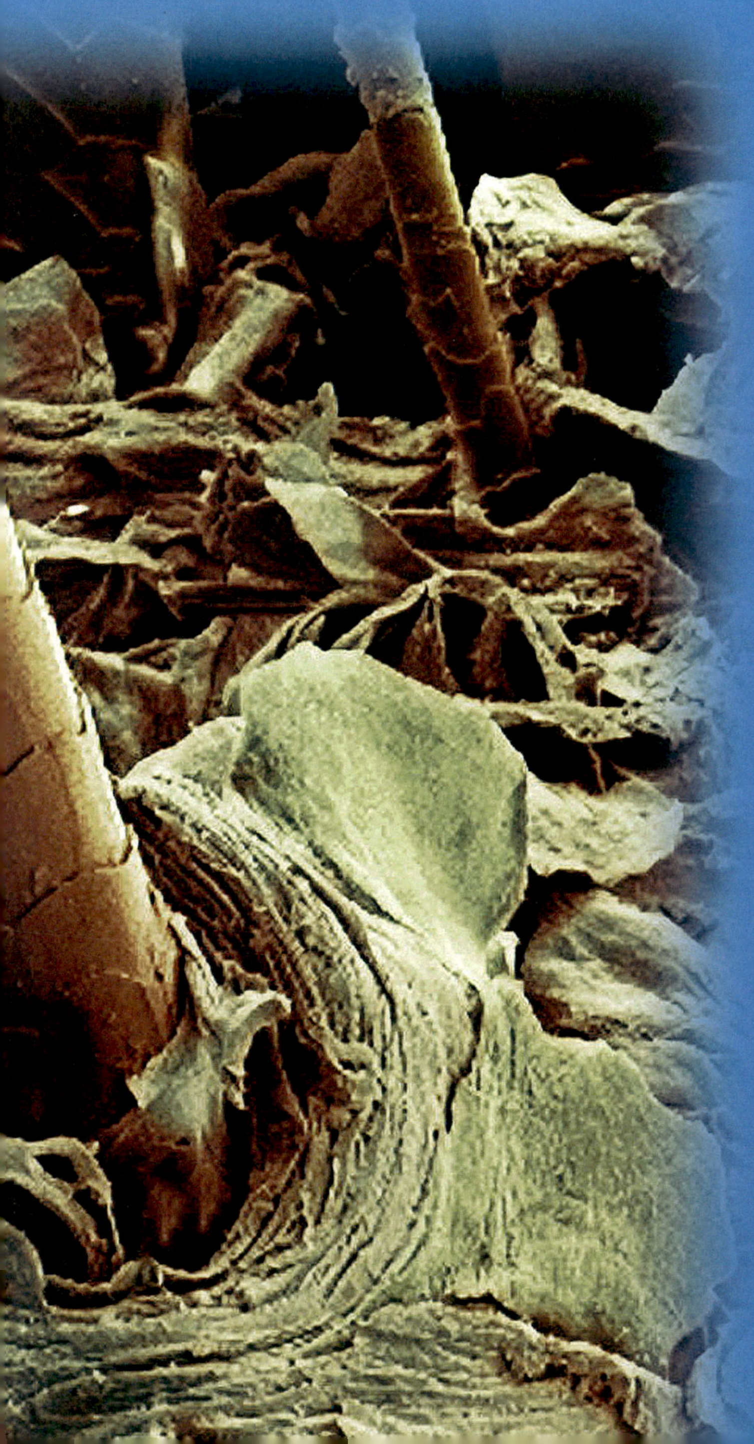

Les poils

Les cheveux sont épais. Mais des poils fins couvrent la plus grande partie du corps. Cela te permet de sentir un contact très léger. Les sourcils empêchent les gouttes de sueur de pénétrer dans l'œil, et les cils protègent de la poussière.

Très sensible

La peau est remplie de millions de nerfs minuscules. Les extrémités de ces nerfs perçoivent des sensations comme la douleur ou la chaleur. Elles envoient ces informations au cerveau.

▶ Les empreintes digitales peuvent aider à arrêter les criminels. La police prend les empreintes des suspects et regarde si elles sont identiques à celles trouvées sur les lieux du crime.

CHAPITRE 2

Les cellules grises

Le cerveau
le système nerveux
et les organes des sens

▲ Il faut des mouvements précis et rapides des doigts pour jouer de la harpe. C'est le cerveau qui contrôle chacun de ces mouvements.

Le système nerveux

Chaque mouvement, chaque pensée et chaque sensation sont contrôlés par ton système nerveux. Celui-ci comprend le cerveau, la moelle épinière et un réseau de nerfs. Il est toujours en éveil. Même quand tu dors, des millions de signaux voyagent le long des nerfs.

Le quartier général

Le cerveau et la moelle épinière forment le système nerveux central. C'est le principal centre de contrôle. Des nerfs ressemblant à des câbles transportent des messages entre le système nerveux central et le reste du corps.

Le commandant en chef

Le cerveau dirige les mouvements que le corps exécute et lui donne les ordres qu'il doit suivre. Puis il envoie les commandes aux muscles par l'intermédiaire des nerfs.

◀ Ce garçon ne bouge pas, pourtant son cerveau est en train de travailler. Le cerveau utilise de grandes quantités d'énergie.

▲ Les signaux voyagent dans le système nerveux à plus de 350 km/h. Ils sont plus rapides même que le Shinkansen (ou train obus), le « TGV » japonais.

Les informations extérieures

Pour contrôler les mouvements du corps, le cerveau a besoin de savoir ce qui se passe dans le monde autour de toi. Les informations lui arrivent par les organes des sens comme tes yeux, tes oreilles et même ta peau.

flash infos

- ·Le système nerveux est celui qui se développe le plus lentement après la naissance.
- L'Homme est la seule espèce qui puisse étudier ses propres pensées et actions.

◀ Les instructions du cerveau parcourent la moelle épinière et les nerfs vers les différentes parties du corps. Ces signaux contrôlent les muscles qui permettent de garder l'équilibre.

La communication

Les animaux peuvent communiquer. Mais les humains, grâce à leur cerveau, disposent d'un langage développé. Ils partagent leurs pensées, leurs sentiments et leur travail par la parole et l'écriture. Ils utilisent aussi les expressions du visage et les positions du corps, toutes contrôlées par le cerveau.

▶ Ces signes égyptiens sont des hiéroglyphes. C'est l'une des formes d'écriture les plus anciennes du monde.

▲ La couche superficielle du cerveau est couverte de replis. Ainsi, il y a une plus grande quantité de matière grise.

Dans le cerveau

Le cerveau est rempli de minuscules cellules nerveuses appelées neurones. Il y en a 100 000 dans un morceau de cerveau gros comme un grain de sable. Ils sont connectés entre eux pour faire de ton cerveau la machine la plus intelligente de la Terre.

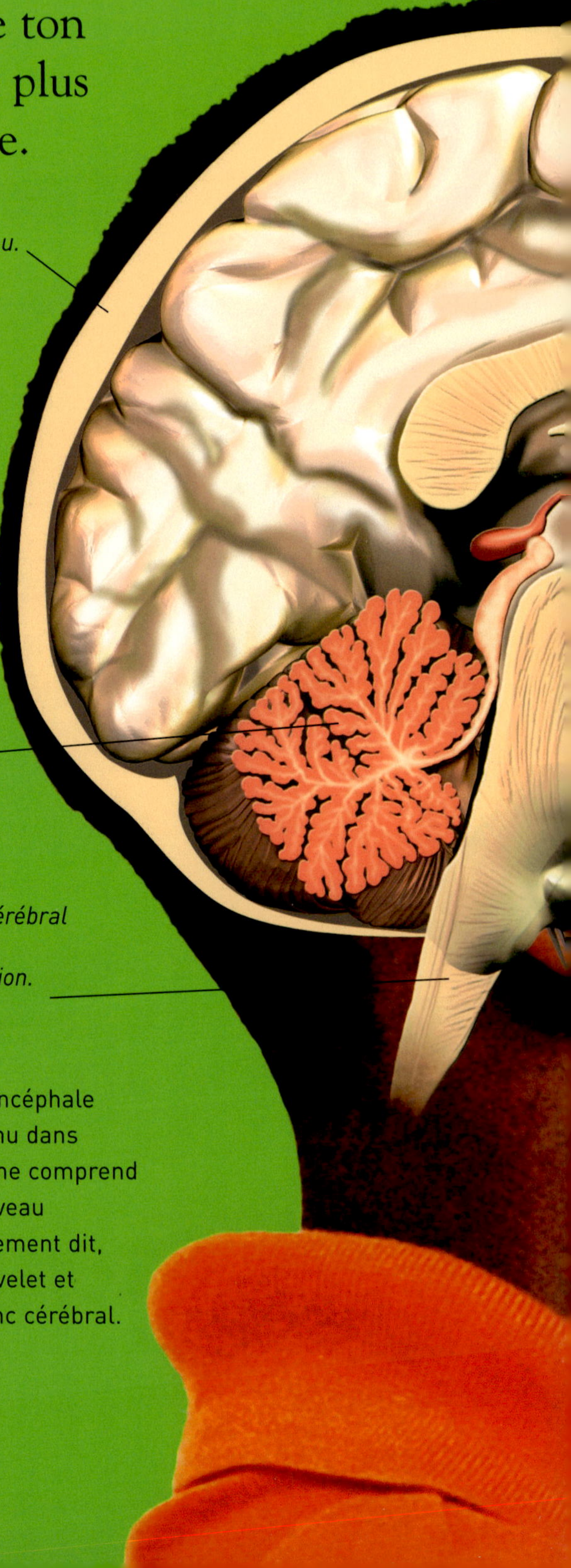

La matière grise

La couche superficielle de ton cerveau qui te permet de penser, le cortex, est faite d'une matière appelée matière grise. Au-dessous, des millions de neurones transportent des signaux d'un endroit à l'autre du cerveau.

Tout est relatif

Tu n'as pas besoin d'un gros cerveau pour être un génie ! Le cerveau d'Albert Einstein était plus petit que la moyenne. Les gens très intelligents se servent simplement de leur cerveau mieux que les autres.

▶ L'encéphale contenu dans le crâne comprend le cerveau proprement dit, le cervelet et le tronc cérébral.

◀ Albert Einstein fit de surprenantes découvertes scientifiques, malgré la petite taille de son cerveau.

Protection rapprochée

Le cerveau est mou et fragile, il a besoin de protection. Les os du crâne lui fournissent un casque antichocs naturel. Il flotte également dans un liquide qui amortit les chocs.

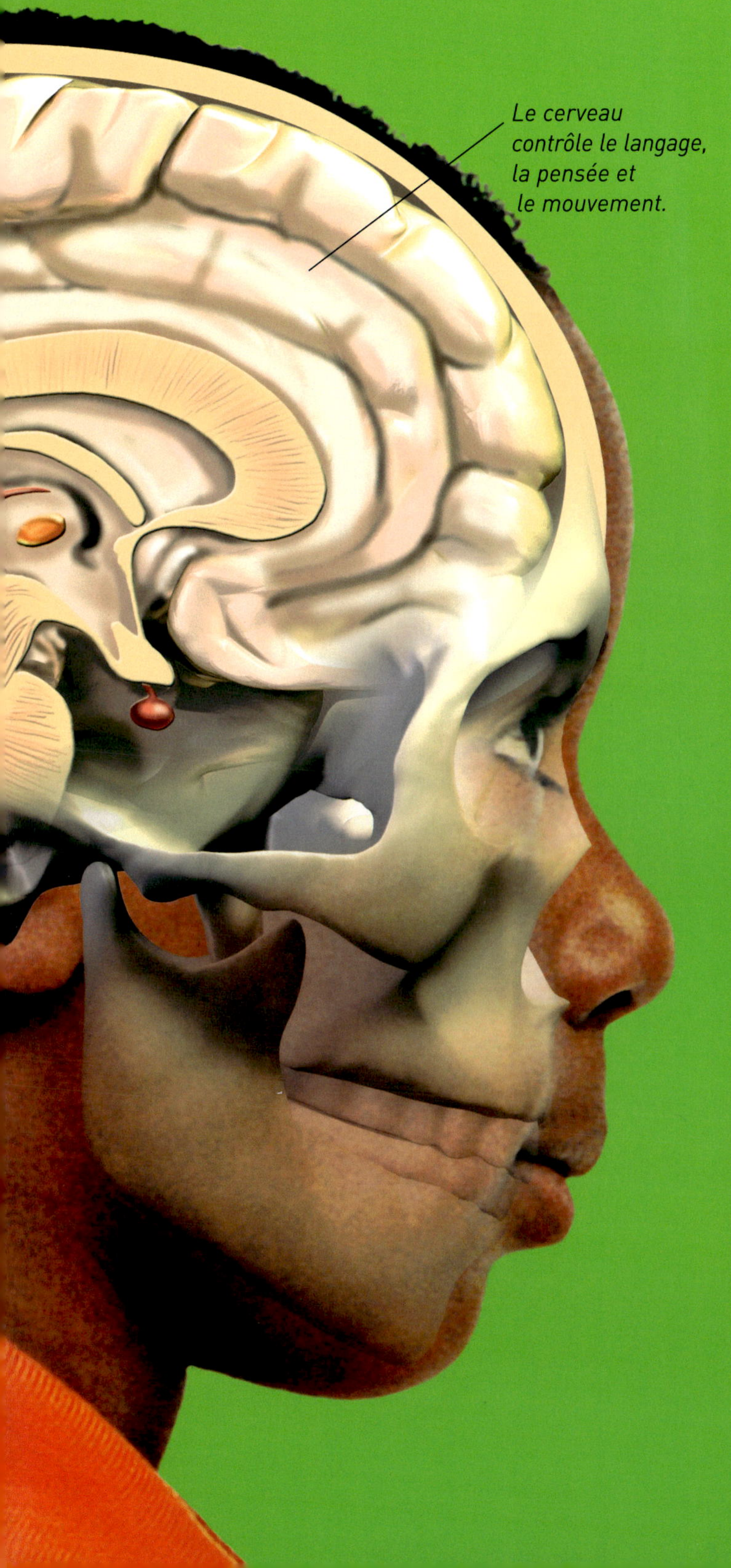

flash infos

- Si on mettait à plat les replis du cerveau, ils occuperaient la surface d'une taie d'oreiller.
- Le cerveau est constitué d'eau à presque 80 %.
- Le cerveau et la moelle épinière sont entourés par environ une 1/2 tasse d'un liquide clair et incolore.

Les messagers

Les neurones transportent une sorte de signal électrique. Ils ont différentes formes et tailles. Certains ont la grosseur d'un point, d'autres sont les plus longues cellules du corps et s'étirent des doigts à la moelle épinière.

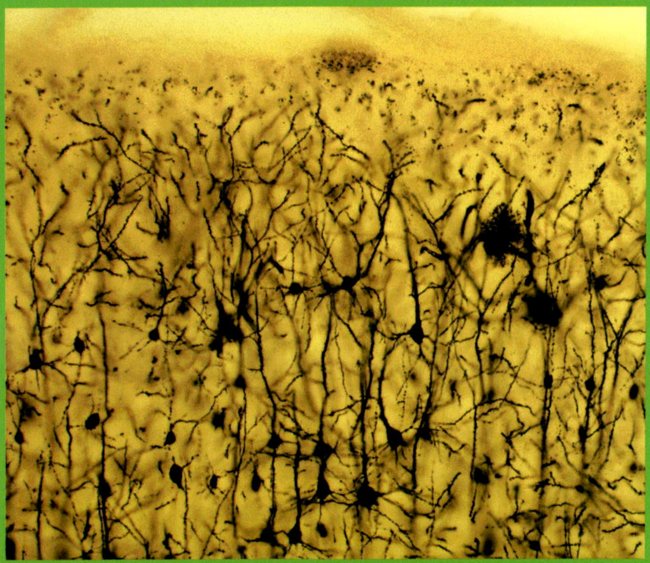

▲ Ces points noirs sont des neurones. Chacun est connecté à des centaines, voire des milliers d'autres neurones.

Un cerveau actif

Le cerveau est responsable du corps : c'est lui le chef ! Chaque partie du cerveau, appelée aire cérébrale, effectue une tâche précise. Certaines aires reçoivent des informations, d'autres envoient des ordres. D'autres encore traitent ces informations pour que tu puisses penser, te souvenir et faire des projets d'avenir.

◄ Les messages de l'aire cérébrale qui s'occupe du mouvement contrôlent les muscles.

◄ Ces jeunes filles utilisent la moitié droite du cerveau pour chanter ensemble.

Gauche et droite

Le cerveau proprement dit est divisé en deux. La moitié gauche s'occupe du côté droit de ton corps, et te permet de résoudre des problèmes, de parler et d'écrire. La moitié droite s'occupe du côté gauche de ton corps et des activités qui utilisent peu les mots, comme la musique.

La température

L'hypothalamus est un organe caché en profondeur du cerveau. Il n'est pas plus gros que le bout du pouce. Si le temps est froid, c'est l'hypothalamus qui déclenche le « chauffage central » du corps. Il contrôle aussi l'appétit.

▼ Le cortex est divisé en zones qui contrôlent différentes activités. Cette image montre le cortex de la moitié droite du cerveau, et le cervelet.

Pilote automatique

Pendant que tu te concentres pour lire ce livre, des centaines d'autres activités automatiques se produisent dans ton corps. La respiration, la digestion des aliments et les battements du cœur sont contrôlés automatiquement par le cerveau.

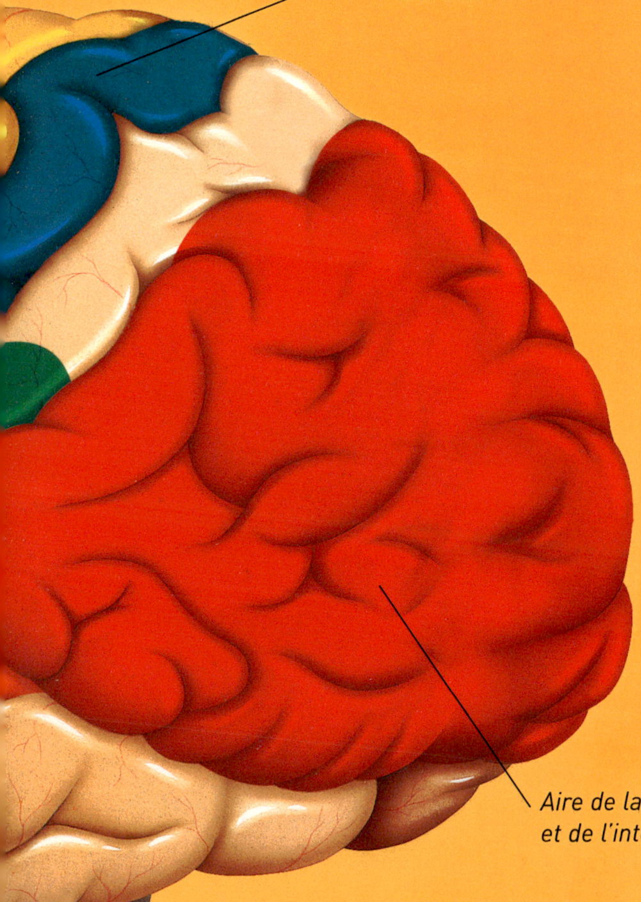

La coordination

Derrière le cerveau proprement dit se trouve le cervelet. Il s'assure que les mouvements sont fluides (et non pas saccadés) et il aide à garder l'équilibre.

► Ce joueur d'échecs utilise une aire située sur le devant du cerveau pour calculer son prochain coup. Cette aire sert à résoudre les problèmes.

▼ Les images du télescope qui parviennent aux yeux sont transformées en signaux, qui sont envoyés dans une aire à l'arrière du cerveau.

flash infos

- La moitié droite et la moitié gauche du cerveau sont connectées par plus de 300 millions de neurones.
- « Cervelet » signifie « petit cerveau ».

Les réflexes

La moelle épinière est comme une autoroute transportant des informations entre le cerveau et d'autres parties du corps. Elle est remplie de millions de neurones et de fibres nerveuses. Mais ce n'est pas simplement une voie de passage. Elle contrôle aussi certaines réactions automatiques du corps : les réflexes.

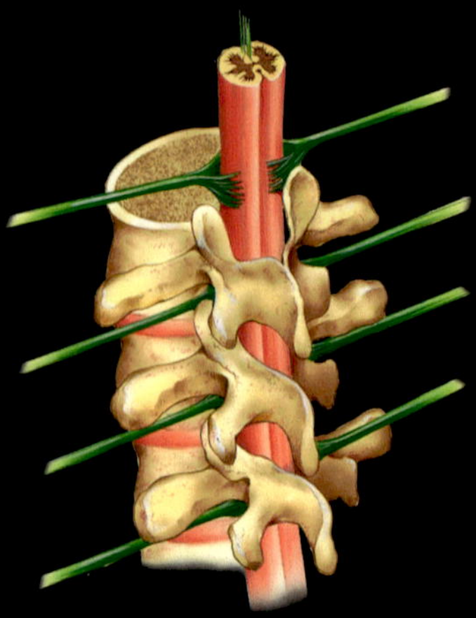

▲ La moelle épinière (en rose) est protégée par les vertèbres. Des nerfs (en vert) en sortent deux par deux pour la connecter au reste du corps.

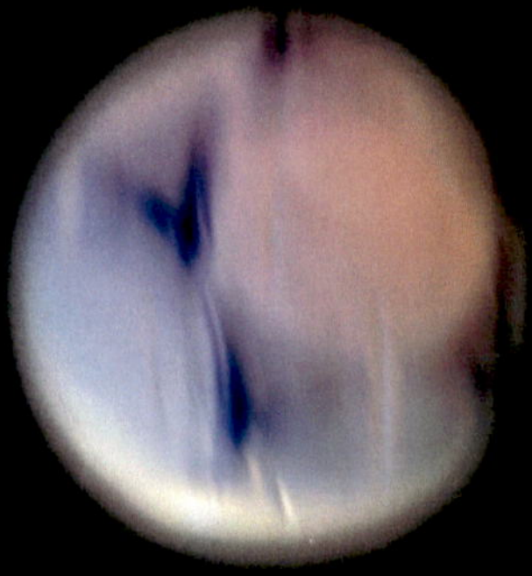

En action !

Quand il faut digérer des aliments ou aller aux toilettes, des nerfs venus du cerveau ou de la moelle épinière entrent en action. Ces nerfs contrôlent automatiquement beaucoup d'organes.

◀ Une réaction automatique, appelée réflexe de retrait, permet à ce footballeur de retirer très vite sa tête quand passe le ballon lancé à toute vitesse.

◀ Dès qu'on touche un cactus, des capteurs de douleur situés dans la peau envoient un signal à la moelle épinière.

◀ Avant même que le signal n'atteigne le cerveau, la moelle épinière envoie un signal de réponse aux muscles, pour qu'ils retirent le bras.

Dans le tunnel

La moelle épinière s'étend du cerveau jusqu'au-dessous de la taille. Les vertèbres (les os de la colonne vertébrale) la maintiennent et la protègent. Les nerfs entrent et sortent de la moelle épinière par des trous situés entre les vertèbres.

Aïe !

Si tu touches quelque chose de très chaud ou de piquant, tu retires la main presque instantanément. Le cerveau n'a même pas le temps d'y penser. C'est la moelle épinière qui contrôle ce geste réflexe sans aucune aide du cerveau.

flash infos

- Les bébés naissent avec des réflexes, comme l'agrippement, qui disparaissent après quelques mois.
- La moelle épinière ne descend pas jusqu'en bas de la colonne vertébrale.
- La moelle épinière d'un adulte mesure environ 44 cm.

Test

Essaie de tester un réflexe. Assieds-toi sur une table, jambes pendantes. Puis demande à un ami de taper doucement au-dessous du genou. Ta jambe aura une secousse vers le haut, que tu le veuilles ou non !

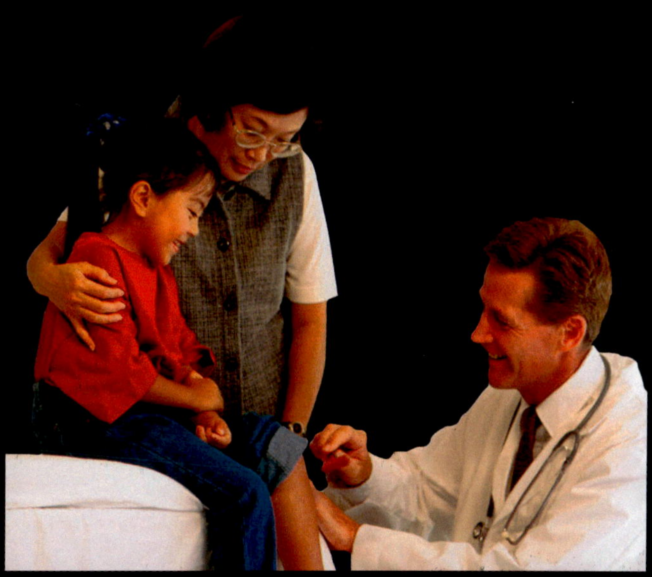

▲ Un médecin teste un réflexe, en tapant juste sous la rotule. Le muscle de la cuisse se contracte alors et tire la jambe vers le haut.

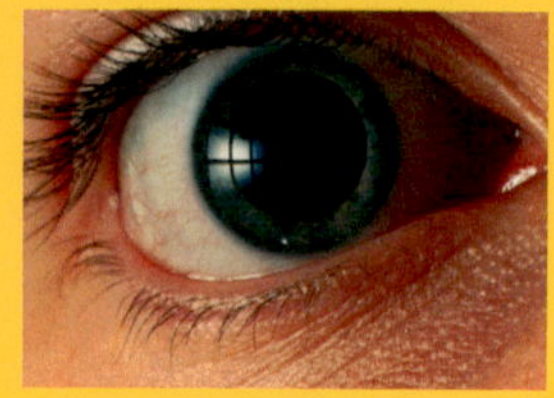

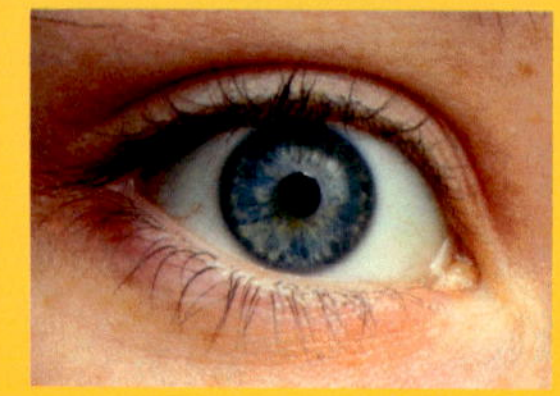

▲ Dans la pénombre, la pupille s'agrandit le plus possible (en haut) pour faire entrer plus de lumière. En plein jour, elle se rétrécit.

La vision

Une énorme quantité d'informations arrive du monde extérieur par les yeux. Ils travaillent comme des appareils photo et font entrer des dessins de lumière provenant des objets. Ces dessins sont convertis en signaux, que le cerveau utilise pour créer des images.

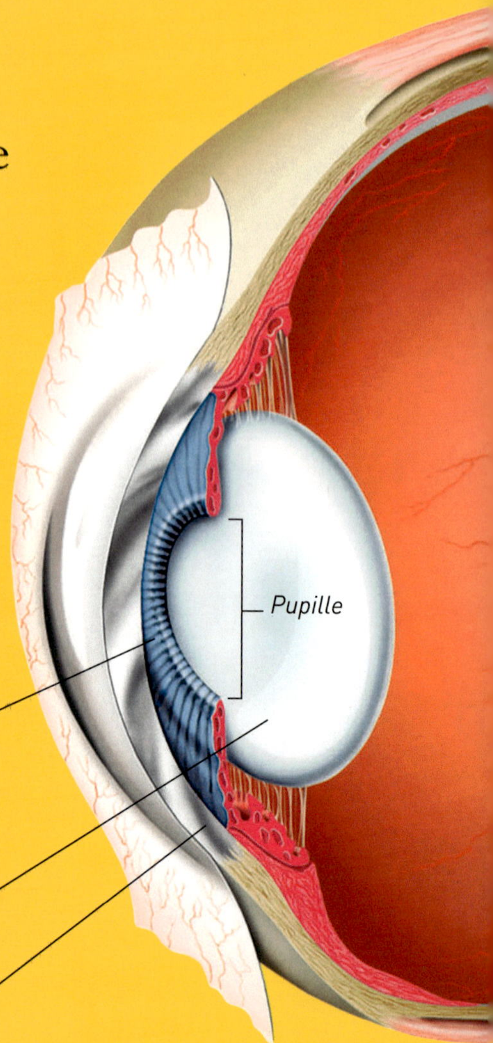

▲ La partie antérieure de l'œil contrôle la quantité de lumière et fait la mise au point. La partie postérieure transforme la lumière en signaux, qui sont envoyés au cerveau.

Mise au point

Quand un rayon lumineux entre dans l'œil, il est courbé par la cornée, ce qui commence à rendre l'image nette. Le rayon traverse ensuite une lentille appelée cristallin, qui fait le réglage exact, en concentrant l'image sur la rétine, à l'arrière de l'œil.

Diamètre variable

La pupille est un trou noir au milieu de l'iris (la partie colorée de l'œil). Elle contrôle la quantité de lumière qui entre. Les muscles de l'iris rapetissent la pupille pour que tu puisses voir dans la lumière vive sans être ébloui, ou l'agrandissent s'il fait sombre.

▲ Quand la cornée et le cristallin font la mise au point, l'image arrive à l'envers sur la rétine. Le cerveau doit ensuite la redresser.

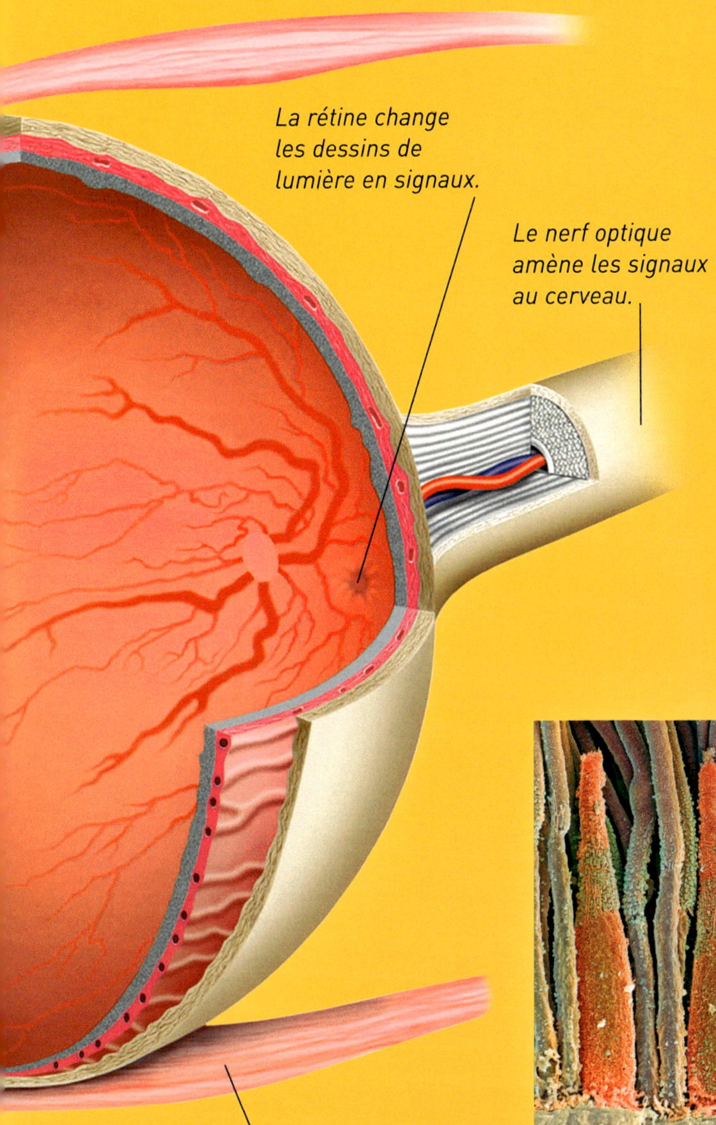

flash infos

- Les daltoniens sont des personnes qui n'arrivent pas à distinguer le rouge du vert.
- Tes yeux contiennent environ 120 millions de bâtonnets et 7 millions de cônes.
- 6 muscles autour de l'œil contrôlent ses mouvements.

▲ Des millions de bâtonnets (en violet) et de cônes (en orange) détecteurs de lumière s'entassent dans la rétine.

Un peu flou

Si le globe oculaire est trop court ou trop long, l'œil ne fait plus la mise au point pour produire une image nette. La vision est floue. La personne est dite hypermétrope ou myope. Le port de lunettes ou de lentilles de contact corrige ce problème très fréquent.

Bâtonnets et cônes

La rétine, à l'arrière de l'œil, est une couche de cellules spécialisées, qui détectent la lumière et envoient des signaux au cerveau. Certaines cellules, les cônes, reconnaissent les couleurs. Les autres, les bâtonnets, n'identifient que le noir et le blanc. Dans la pénombre, les cônes sont au repos et les bâtonnets actifs.

► Les personnes hypermétropes voient les objets proches flous, comme ce visage. Elles ne peuvent pas concentrer la lumière sur la rétine.

Les illusions d'optique

▲ Combien l'éléphant a-t-il de pattes ? Ton cerveau a besoin d'interpréter cette image en trois dimensions (3D), c'est-à-dire en relief. Il la voit donc de plusieurs façons selon les moments.

Observe bien cette page, ton cerveau va être étonné. Quand tu regardes un objet, le cerveau doit comprendre les dessins de lumière transmis par les yeux. Des objets dessinés d'une certaine façon peuvent tromper le cerveau. C'est ce que l'on appelle une illusion d'optique.

▼ Lequel des deux cercles du milieu est-il le plus grand ? Si tu penses que c'est celui de droite, tu te trompes. Ils ont la même taille. Ton cerveau est trompé par la taille des autres cercles qui sont autour.

La troisième dimension

Le cerveau a l'habitude de regarder le monde en trois dimensions. Mais une image ou un dessin n'a que deux dimensions, longueur et largeur, sans profondeur. Ton cerveau te fait alors croire qu'il y a trois dimensions.

▲ Ces rangées ont l'air de biais mais, en fait, elles sont parallèles. Le cerveau est trompé par les bords irréguliers sur les côtés et par le contraste entre les briques noires et les blanches.

▲ Ces deux hommes dans une chambre d'Ames sont jumeaux : ils ont la même taille. Les déformations de la chambre trompent le cerveau. Le jeune homme de gauche est beaucoup plus loin que son frère (le mur du fond est en biais).

Voir n'est pas croire

Les illusions d'optique envoient au cerveau des informations contradictoires. Les formes se mettent à bouger, les lignes parallèles se courbent. Si une image est incomplète, le cerveau remplit les informations manquantes – mais il peut se tromper !

À toi de jouer

Le cerveau évalue la taille d'un objet par comparaison. Si un petit objet est entouré par de plus grands (observe attentivement le dessin à gauche), le cerveau se trompe et le rapetisse encore. Tu le vois alors plus petit qu'il ne l'est en réalité.

De plus en plus curieux

Quand tu vois une chambre, tu supposes qu'elle a une forme régulière. Mais, dans la chambre inventée par l'ophtalmologiste Adelbert Ames, le plafond et le plancher sont inclinés, les murs sont en biais. Une personne qui passe d'un coin à l'autre a l'air de changer de taille !

L'audition

Tous les bruits qui atteignent l'oreille sont des ondes. L'oreille transforme ces ondes acoustiques en signaux. Puis elle envoie les signaux au cerveau qui te fait entendre le son. L'audition nous permet de communiquer, de recevoir des signaux d'avertissement et d'apprécier la musique.

▼ L'oreille comprend trois parties : externe, moyenne et interne. La première collecte les sons. La deuxième les transforme en vibrations. La troisième envoie des signaux au cerveau.

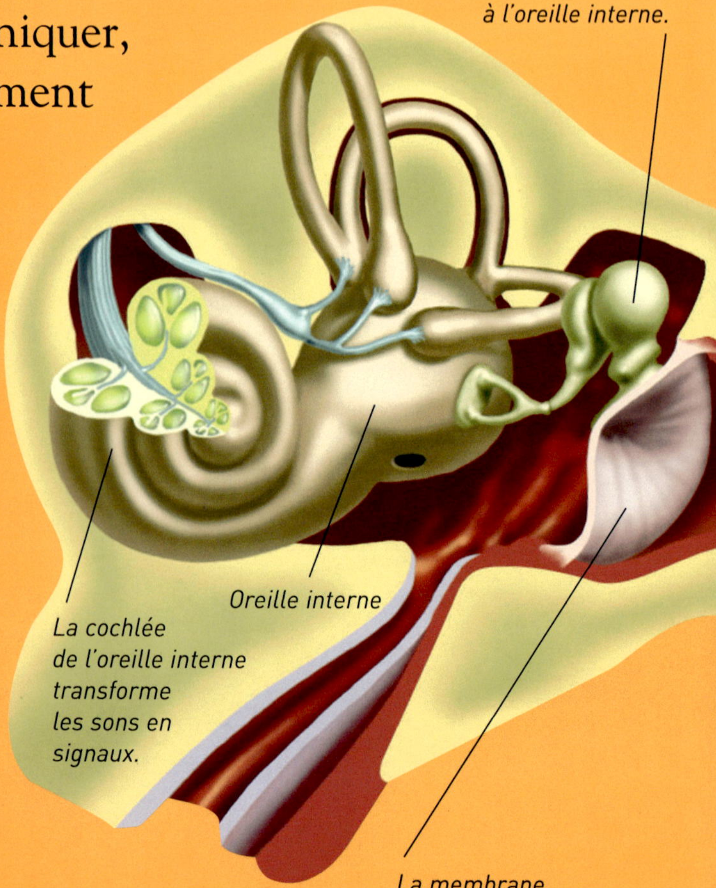

◀ Même un très bref éclat de bruit, s'il est intense, peut endommager l'audition. Pour certains métiers, il faut porter un casque de protection.

Baisse le son !

L'oreille détecte le son le plus faible et le bruit le plus intense. On mesure le son en décibels (dB). Le son d'un doigt qui effleure la peau fait environ 10 dB. Un moteur à réaction fait un milliard de fois plus de bruit, jusqu'à plus de 130 dB.

Bonnes vibrations

L'onde sonore passe le long du conduit auditif de l'oreille externe et fait vibrer le tympan. Derrière le tympan, dans l'oreille moyenne, les vibrations sont transmises à des os minuscules, qui les transportent vers l'oreille interne.

◀ L'audition est si sensible que nous pouvons saisir le plus doux des chuchotements.

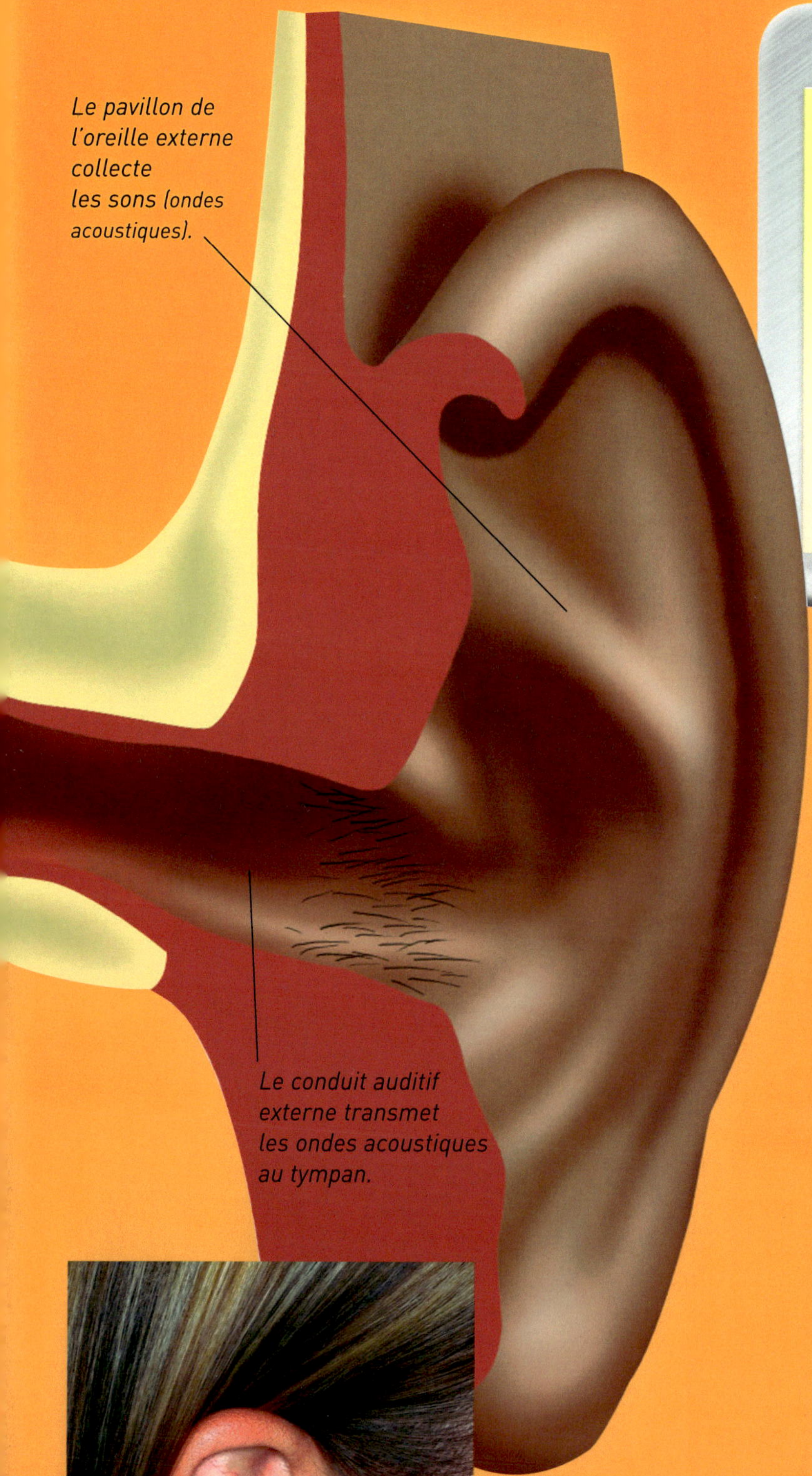

flash infos

- Quand tu dors, tu peux entendre des sons mais le cerveau ignore la plupart d'entre eux.
- L'oreille se nettoie toute seule ! Des poils minuscules repoussent le cérumen et les poussières à l'extérieur.
- Les ondes acoustiques voyagent dans l'air à 332 m par seconde.

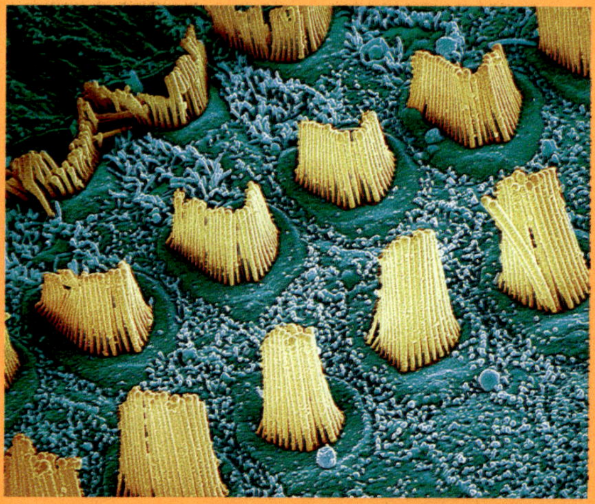

▲ Les ondes sonores arrivent ici dans le liquide (en bleu) de la cochlée. Elles courbent des cils microscopiques (en jaune) qui envoient alors des signaux au cerveau.

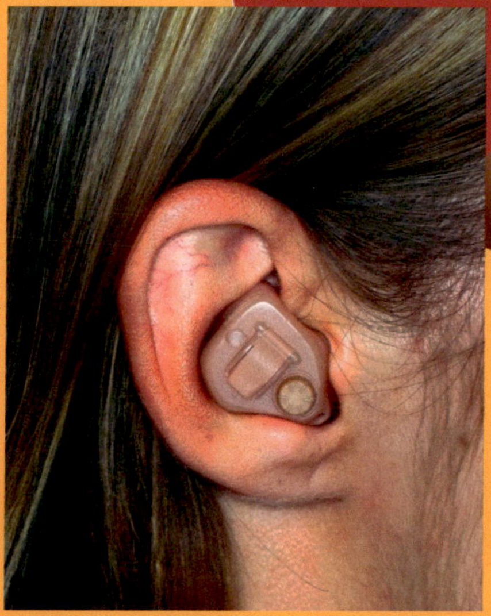

◀ Si tu as des problèmes auditifs, tu peux porter un appareil spécial appelé aide (ou prothèse) auditive.

Ondes de liquide

Dans l'oreille interne, la cochlée, en forme d'escargot, contient un liquide. Les vibrations des osselets provoquent des ondes dans ce liquide (comme quand on jette une pierre dans l'eau). Les ondes sont transformées en signaux électriques transmis au cerveau par le nerf auditif.

L'équilibre

Si tu veux danser, faire du vélo ou simplement tenir debout, tu as besoin d'équilibre. Pour garder l'équilibre, le cerveau doit savoir dans quelle direction va le corps. La plupart des informations lui sont fournies par l'oreille interne.

◀ Les informations venant des yeux, des oreilles, des articulations et du sens du toucher aident cette funambule à rester en équilibre loin au-dessus du sol.

Chambres secrètes

L'oreille interne s'occupe de l'équilibre, grâce à un réseau de chambres et de canaux appelé vestibule. Elle détecte le moindre changement dans la position du corps et envoie cette information au cerveau. Celui-ci règle alors les muscles pour garder l'équilibre.

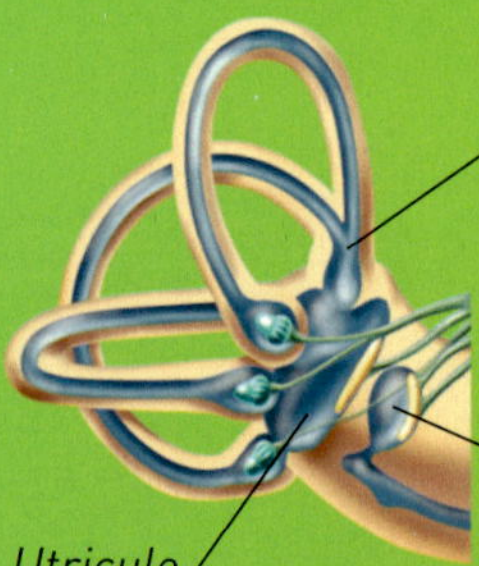

◀ Le vestibule renferme des chambres (saccule, utricule) et des canaux semi-circulaires remplis de liquide et de cils. Il aide le cerveau à détecter les positions et les mouvements du corps.

▼ Quand tu inclines la tête, les cils microscopiques du vestibule se trouvent courbés. Cela déclenche un signal qui fournit au cerveau une information sur la position de la tête.

Les cils sont droits.

Les cils sont courbés grâce au gel dans lequel ils baignent.

flash infos

- Seuls les hommes et certains oiseaux coureurs, comme les autruches, peuvent rester en équilibre sur deux jambes.
- Des capteurs dans les muscles et les articulations renseignent le cerveau pour garder l'équilibre.
- Si tu es debout immobile et si tu as l'impression que tout bouge autour de toi, tu as le vertige.

▲ Les ouvriers du bâtiment doivent aimer l'altitude et avoir un très bon équilibre ! Aux États-Unis, les Indiens Mohawk étaient réputés pour ces qualités et participèrent à la construction de nombreux gratte-ciel.

Le mal des transports

Parfois, les yeux et les oreilles donnent au cerveau des renseignements contradictoires. Si tu as le mal de mer, c'est habituellement parce que l'oreille interne dit au cerveau que le corps bouge. Mais les yeux, s'ils sont fixés sur le pont, lui disent que le bateau est immobile. C'est ce qui provoque le vertige et le mal au cœur.

▲ Le mal de mer apparaît quand le cerveau est embarrassé par des informations contradictoires des organes des sens.

Les yeux aussi

Ferme les yeux et essaie de tenir sur une jambe. Pas si facile ! En fait, le cerveau se sert aussi des informations des yeux, en plus de celles des oreilles, pour garder l'équilibre.

L'odorat

Ton nez sent toutes les odeurs, du pain frais tout juste sorti du four à la vieille paire de baskets. Chaque senteur est une combinaison unique de millions de particules microscopiques (des molécules) en suspension dans l'air. À chaque inspiration, ces substances entrent dans le nez. Là, elles déclenchent des capteurs qui envoient des signaux d'information au cerveau.

▲ Les parfumeurs choisissent entre plus de 3 000 odeurs animales ou végétales quand ils créent un parfum.

La route de la mémoire

Parfois, une odeur réveille un vieux souvenir. En effet, les nerfs qui viennent des capteurs d'odeurs sont reliés à des parties du cerveau impliquées dans le processus de la mémoire.

Odeur et humeur

L'odorat peut influencer ton humeur. Il y a des liens entre le nez et la région du cerveau qui contrôle l'émotion. On pense, par exemple, que la lavande aide certaines personnes à se relaxer quand elles sont stressées.

Alerte !

Tu es capable de détecter au moins 10 000 odeurs différentes. L'odorat peut te protéger du danger. Il t'avertit que le gaz fuit ou qu'un aliment est avarié.

◀ Les chiens, qui ont plus de capteurs que les humains, peuvent déceler les odeurs les plus secrètes.

◀ Les odeurs peuvent avoir un effet puissant sur le cerveau et sur le corps. L'aromathérapie se sert d'huiles parfumées pour détendre les gens et pour traiter des problèmes de santé.

flash infos

- Quand tu as un rhume, ton sens de l'odorat s'émousse parce que les particules d'odeur ont du mal à arriver jusqu'aux capteurs.
- Certains animaux dégagent une odeur qui attire un compagnon à plusieurs kilomètres.
- Certaines personnes ont un odorat plus développé que les autres.

Les « nez »

Pour créer un parfum, il faut mélanger des dizaines d'odeurs différentes. Chaque parfum a sa propre odeur. Les spécialistes qui créent des parfums sont appelés des « nez ».

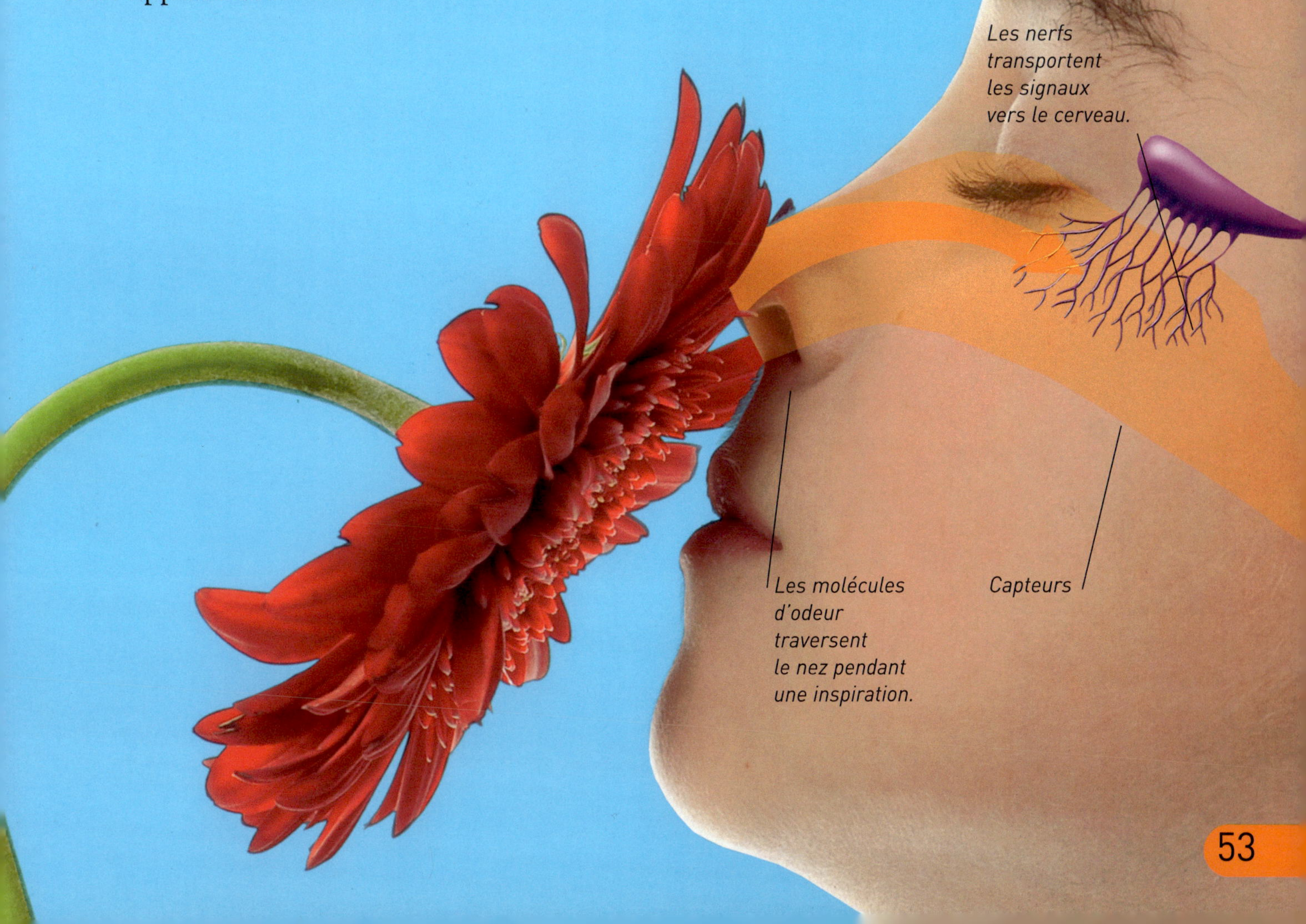

▼ Les capteurs qui recueillent les odeurs se trouvent loin dans le nez.

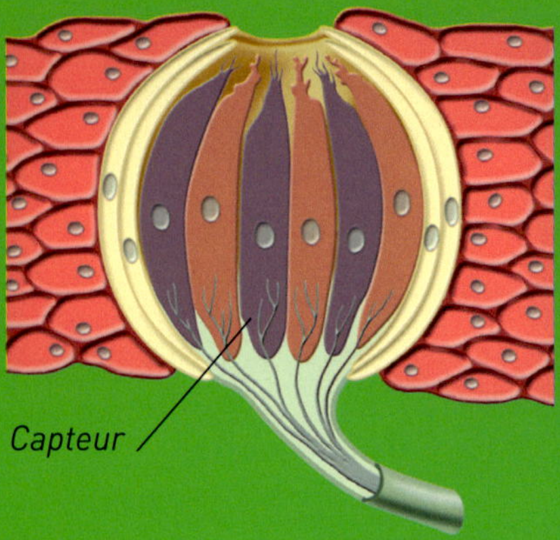

▲ Les capteurs du goût s'entassent dans un bourgeon du goût. Ils détectent les substances chimiques dissoutes dans la salive.

Le goût

Imagine si tout ce que tu mangeais – les bonbons, le jus d'orange, le chocolat et les glaces – avait le goût du carton ! Heureusement, la langue a des milliers de capteurs, les bourgeons du goût. La langue et les lèvres détectent aussi la chaleur, la fraîcheur et la texture des aliments, ce qui ajoute au plaisir de manger.

Une surface cahoteuse

Regarde attentivement dans un miroir la surface de ta langue. Les petites bosses qui la couvrent sont les papilles. Dans les papilles, on trouve des milliers de bourgeons du goût. Les papilles les protègent, car ils sont très fragiles.

▶ Les bourgeons du goût enfouis sous la surface de la langue détectent quatre goûts de base : amer, salé, acide et sucré.

Une question d'odeur

Tu as besoin du sens de l'odorat autant que de celui du goût pour saisir la saveur de la nourriture. Les capteurs d'odeurs sont beaucoup plus sensibles que ceux du goût. Quand tu manges, le cerveau reçoit les informations des deux types de capteurs.

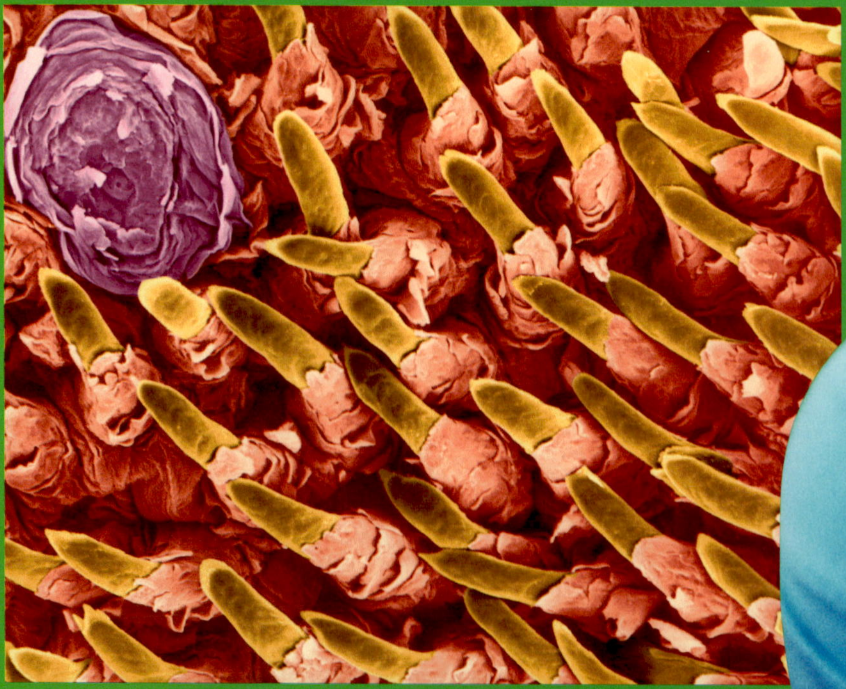

▶ Des millions de pointes minuscules sur la langue agrippent les aliments. La bosse rose (à gauche) est une papille contenant des bourgeons du goût.

Épicé ou non ?

Certaines personnes aiment les aliments épicés avec du piment. Mais si le piment est trop fort, il déclenche des capteurs de douleur qui envoient un message au cerveau.

flash infos

- Un œnologue (spécialiste du vin) peut dire en quelle année un vin a été fait et la région d'où il vient.
- Les capteurs dans les bourgeons du goût ont une durée de vie de 10 jours. Ils sont ensuite remplacés par de nouveaux capteurs.

▶ La cuisine de certains pays est riche en plats pimentés.

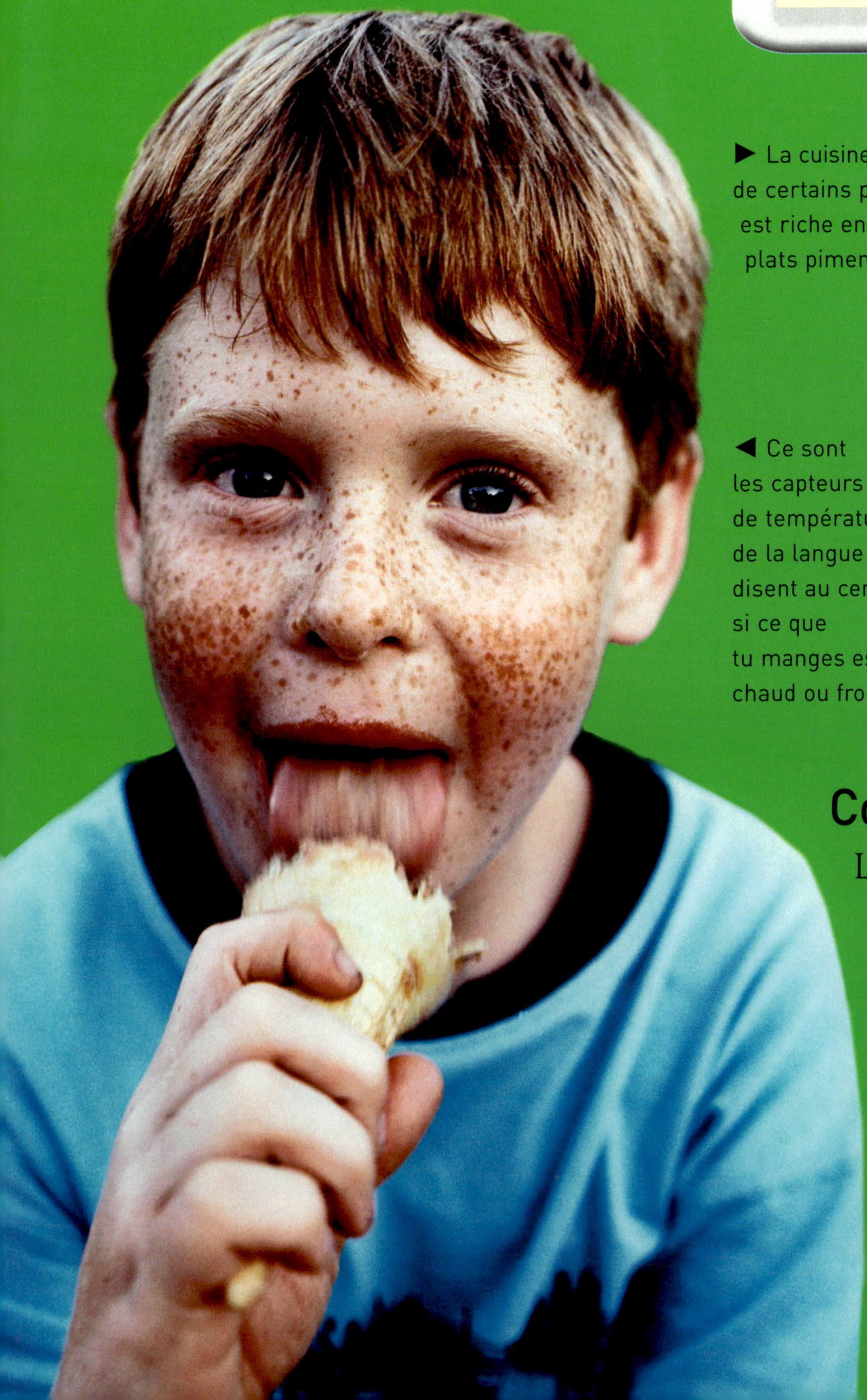

◀ Ce sont les capteurs de température de la langue qui disent au cerveau si ce que tu manges est chaud ou froid.

Couleur et goût

La couleur peut perturber le goût. On évite les aliments gris ou bleus, car on pense qu'ils sont avariés ou empoisonnés. Les fabricants ajoutent souvent des colorants artificiels à leurs produits, pour qu'ils aient l'air meilleurs.

▲ Les bébés mettent souvent les objets à la bouche pour les sentir. Les lèvres et la langue, remplies de capteurs, sont très sensibles.

Le toucher

Ferme les yeux et touche les objets devant toi. Sont-ils lisses ou rugueux, froids ou chauds, mous ou durs ? Le sens du toucher te dit beaucoup de choses sur le monde autour de toi. La peau contient des millions de capteurs capables de détecter des changements infimes de mouvement, de température et de pression. Ces capteurs sentent aussi la douleur.

Les capteurs

Certaines parties du corps sont plus sensibles au toucher que d'autres. Par exemple la peau des doigts et des lèvres contient beaucoup plus de capteurs que celle du dos. Une grande partie du cerveau est utilisée pour recevoir les signaux de ces parties sensibles.

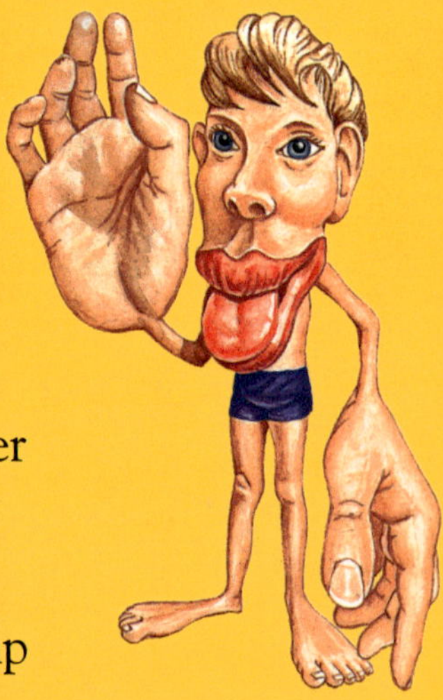

▲ Voici à quoi ressemblerait ton corps si chaque partie était proportionnelle au nombre de capteurs qu'elle contient.

▲ Cette personne est en train de lire un livre écrit en braille. Avec de l'entraînement, les aveugles peuvent lire en braille aussi vite que les autres avec les yeux.

Lire avec les doigts

Les aveugles et les malvoyants peuvent apprendre à lire en braille. Des signes spéciaux, formés de points en relief, remplacent chaque lettre de l'alphabet. Les gens lisent en faisant glisser le doigt sur les points.

La douleur

La douleur est très désagréable, mais elle sert surtout d'avertissement. Par exemple, la cornée de l'œil est très fragile, et dès qu'un grain de poussière la touche, elle réagit en provoquant des larmes : tu as mal.

Haute précision

Certains capteurs sont des fibres nerveuses nues, enroulées autour de la base d'un poil. Ils peuvent être stimulés par le plus doux des contacts sur le poil, même la caresse d'une plume.

flash infos

- Un centimètre de peau contient 200 capteurs pour la douleur et seulement 15 pour la pression.
- Le braille fut inventé en France en 1824 par un adolescent aveugle de 15 ans qui s'appelait Louis Braille.

▼ Des millions de capteurs microscopiques, de tailles et de formes variées, sont enfouis dans la peau.

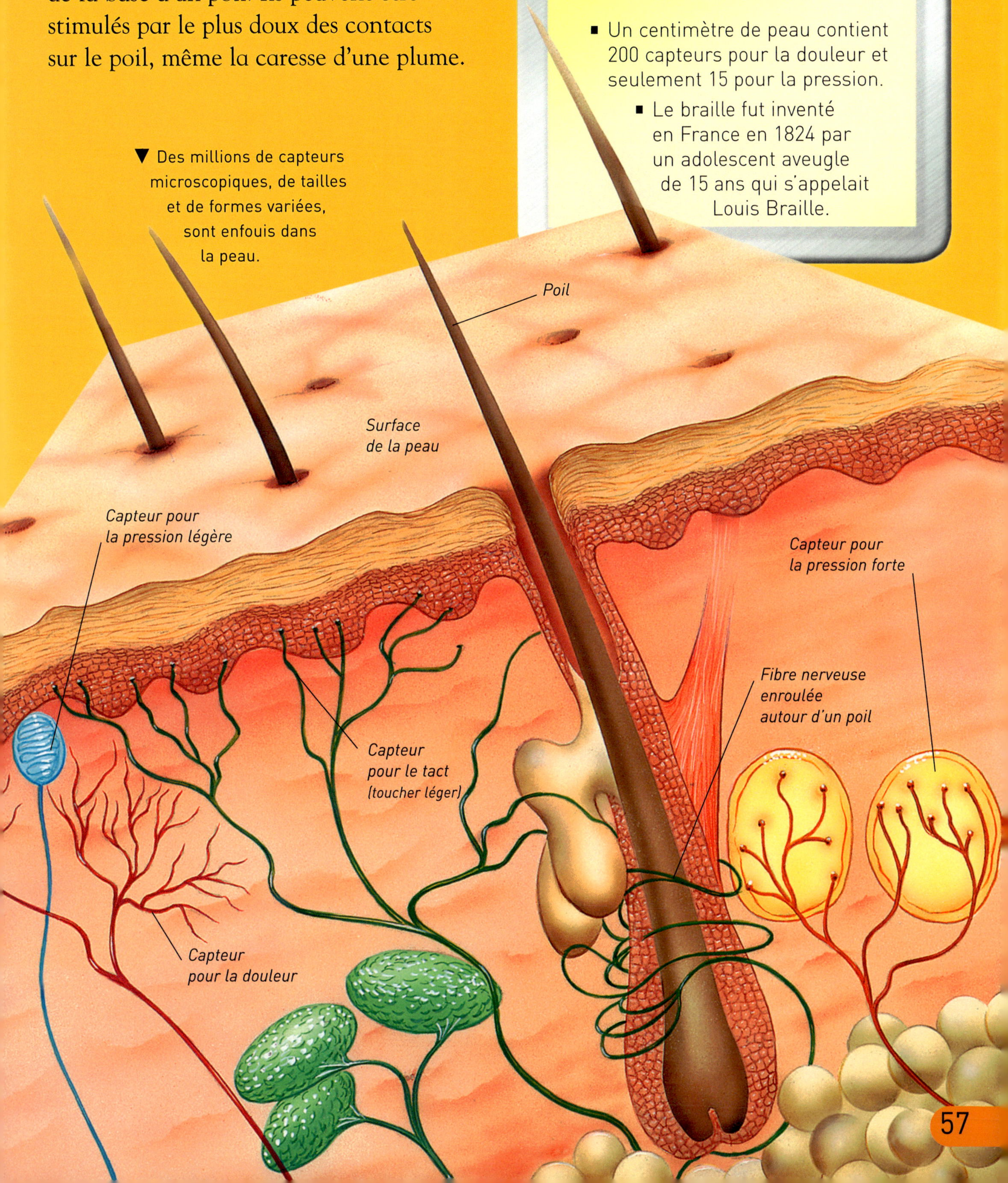

Les hormones

Le système nerveux n'est pas le seul à délivrer des messages. Le système endocrinien, lui aussi, envoie des messages chimiques, appelés hormones. Ce système est responsable de la croissance, de l'apport en énergie, de la reproduction, et d'autres activités importantes.

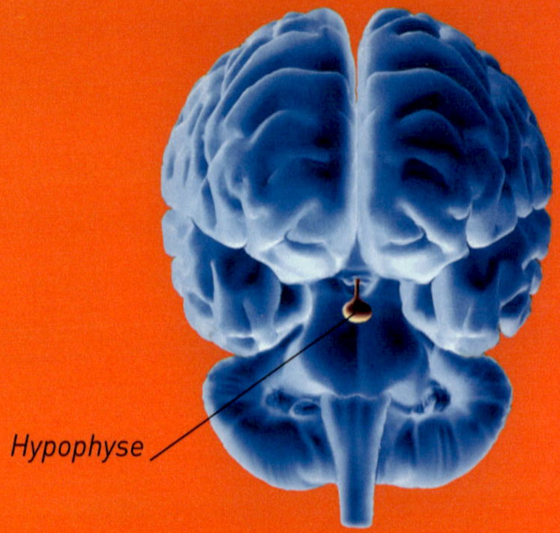

▲ L'hypophyse se trouve juste sous le cerveau. Elle fabrique six hormones et contrôle le fonctionnement d'autres glandes.

Fourniture à la demande

Les hormones sont fabriquées dans de petites usines appelées glandes endocrines, situées en plusieurs endroits du corps. En fonction des besoins, de petites quantités d'hormones sont libérées dans le sang.

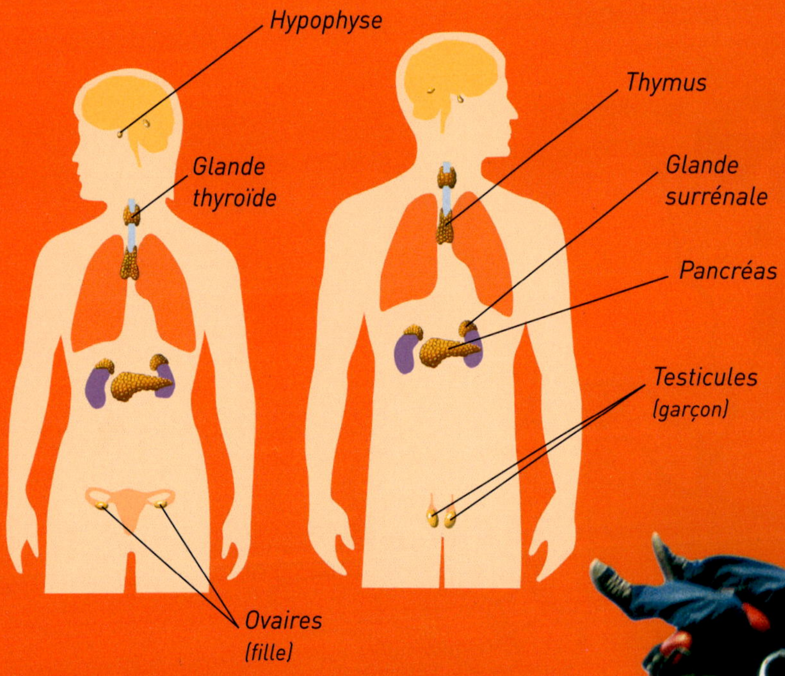

▲ Le corps produit plus de cent types d'hormones, libérées par les glandes endocrines disséminées un peu partout dans le corps.

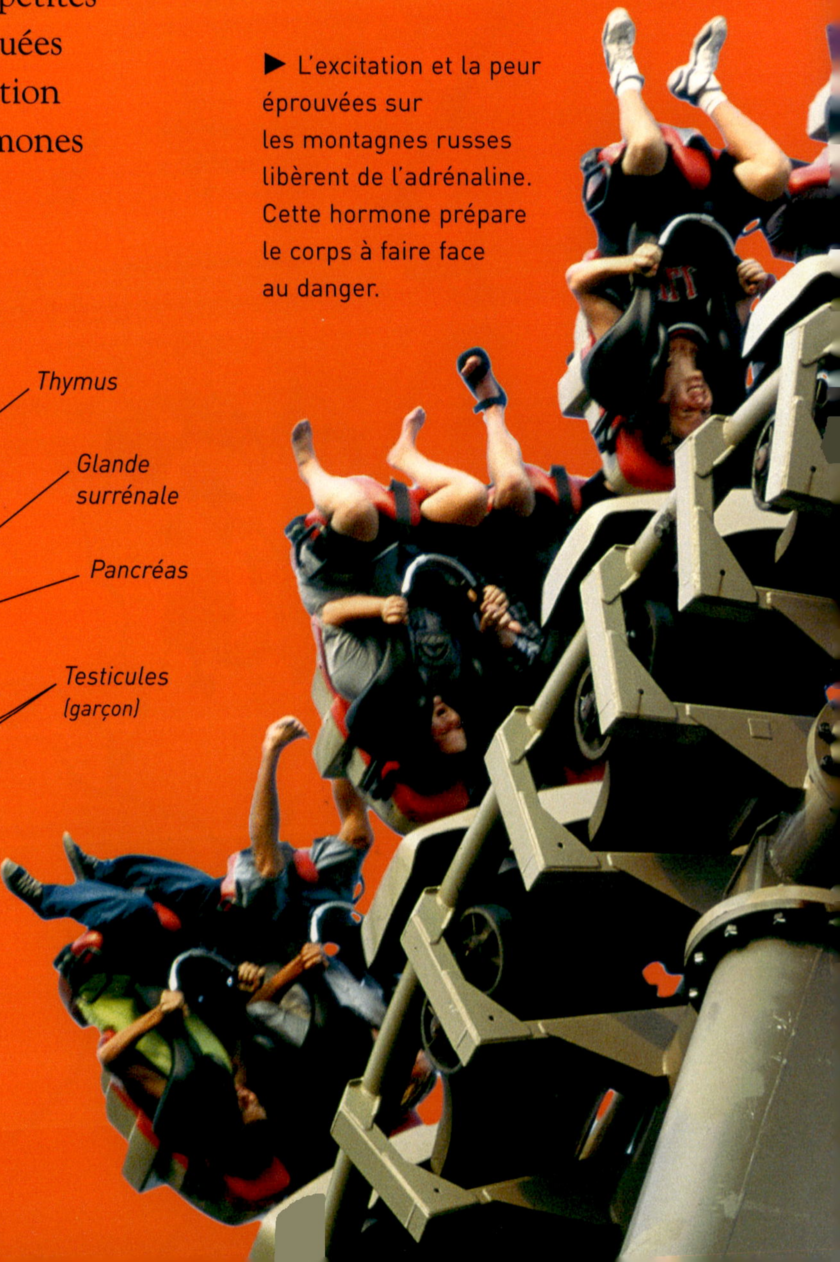

► L'excitation et la peur éprouvées sur les montagnes russes libèrent de l'adrénaline. Cette hormone prépare le corps à faire face au danger.

La glande maîtresse

Juste sous le cerveau se trouve une petite glande très importante, l'hypophyse. Elle libère l'hormone de croissance, sans laquelle le corps ne grandirait pas.

flash infos

- Les hormones transmettent leur message beaucoup plus lentement que les nerfs.
- Le rire peut baisser le niveau des hormones du stress.
- L'hypothalamus est comme une tour de contrôle dans le cerveau.

Sous pression

Le stress (danger, inquiétude) produit de l'adrénaline. Cette hormone accélère le cœur, ce qui envoie plus de sang aux muscles. Elle active aussi la respiration et libère du sucre, source d'énergie, dans le sang.

▲ Les hormones contrôlent la puberté (la transformation d'un enfant en adulte).

Le pouvoir de l'esprit

Dans des situations extrêmes, le cerveau peut conduire le corps au-delà des limites habituelles, en surmontant la faim, la douleur ou l'épuisement… Avec de l'entraînement, on peut utiliser son esprit pour détendre son corps, contrôler sa peur, et même se préserver de certaines maladies.

◀ Ce garçon se sert de son esprit pour rester calme et immobile, alors qu'une énorme araignée avance sur son bras.

Les phobies

Certaines personnes souffrent d'une phobie (peur déraisonnable). Il y a toutes sortes de phobies : peur des araignées, de l'avion, etc. Les méthodes de relaxation sont souvent utilisées pour y remédier.

◀ Dans certaines religions, réussir à surmonter une douleur extrême est un signe de piété. Ici, un hindou se tient debout sur des clous.

La barrière de la peur

L'un des plus grands défis lancés au cerveau est d'ignorer la peur. Certains peuples font des fêtes ou pratiquent des rituels pour entraîner les gens à dépasser leurs limites – par exemple en se couchant sur un lit de clous.

Exercices ancestraux

On pratique le yoga depuis plus de 5 000 ans, comme une religion ou pour se sentir bien. Le yoga consiste à se concentrer par la méditation. Certains s'en servent pour se relaxer, et même pour rester en bonne forme.

◀ Grâce au yoga, cet Indien arrive à un état très calme, clair et concentré.

Télécommande

Andrew Junker a élaboré un système qui lui permet de conduire un bateau sans les mains ! Un bandeau recueille les signaux électriques de son cerveau (quand il décide de tourner, par exemple) et les envoie à un ordinateur qui contrôle la barre.

▶ David Blaine est resté 60 heures dans un bloc de glace. C'est la méditation qui lui a permis de supporter le froid, l'épuisement et la faim.

CHAPITRE 3

Un corps agile et solide

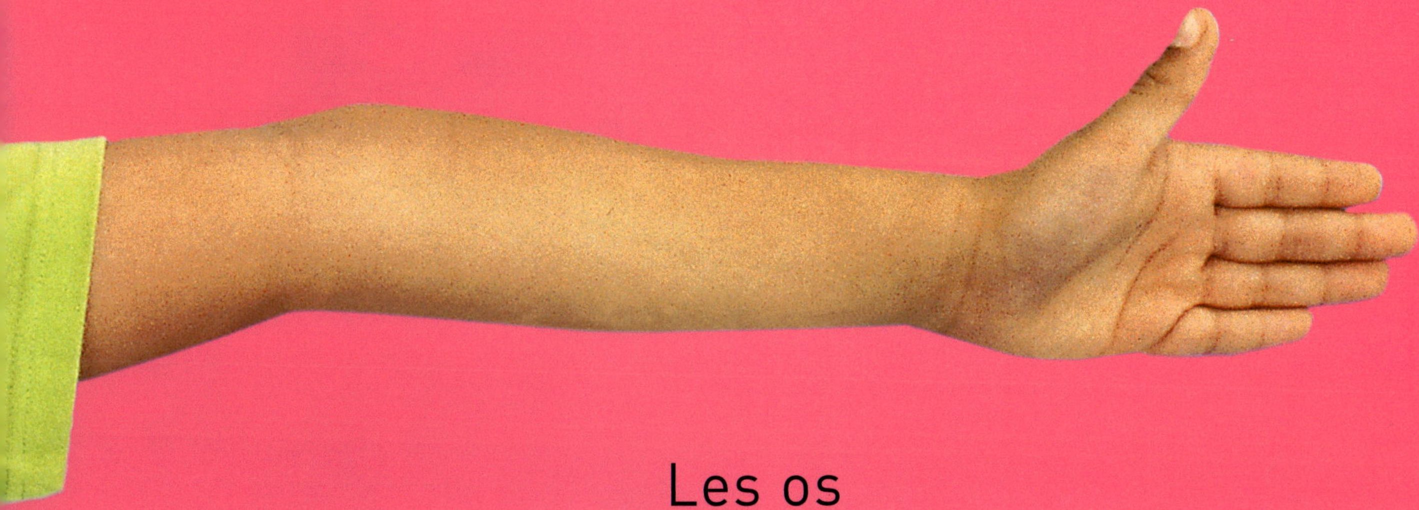

Les os
les muscles
et les articulations

La forme et le mouvement

Imagine-toi un corps humain sans os : il serait flasque et incapable de bouger. Le squelette (tous les os réunis) forme la charpente qui soutient le corps et protège les organes. Avec les muscles qui le recouvrent, il donne au corps sa forme et permet le mouvement.

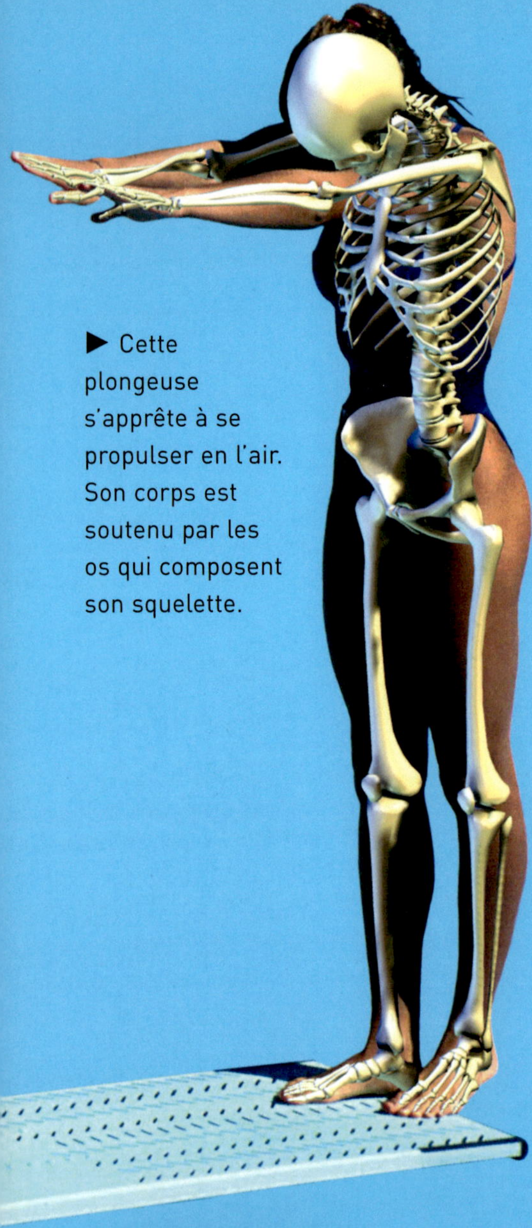

► Cette plongeuse s'apprête à se propulser en l'air. Son corps est soutenu par les os qui composent son squelette.

▲ Des centaines de muscles de toutes les tailles et de toutes les formes recouvrent les os.

◄ Pour soulever un simple verre, tu dois utiliser plus de 60 muscles et os, dans chacun des bras.

Force de traction

Les muscles et les os travaillent en équipe pour produire un mouvement. Quand un muscle se contracte, il se raccourcit en tirant sur un os. Ainsi, une partie du corps change de position. La plupart des mouvements sont contrôlés par le cerveau.

Sans repos

Tes muscles et tes os fonctionnent sans arrêt. Quand tu ne bouges pas, ils sont occupés à maintenir le corps dans la bonne position. Les côtes et leurs muscles s'activent jour et nuit pour assurer la respiration.

► Cette image montre l'intérieur de la tête d'une personne. Les os du crâne protègent le cerveau. La moitié gauche du cerveau n'est pas montrée ici.

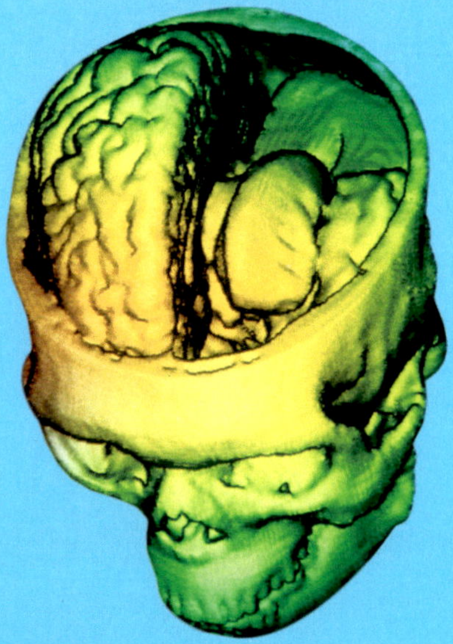

◄ ▼ Lors d'un plongeon, les muscles exercent une traction sur certains os. De cette façon, le corps peut se plier en deux ou se redresser.

Gardes du corps

Les os – et aussi les muscles – ont un rôle important de protection des organes. Le crâne est une boîte dure abritant le cerveau. Les côtes servent de bouclier au cœur et aux poumons. Le bassin protège la vessie et les organes de la reproduction.

flash infos

- L' os est le tissu le plus solide du corps humain.
- Les mains et les pieds contiennent plus de la moitié des os du corps – ces os sont très petits.
- Les muscles sont les mêmes à droite et à gauche, et représentent à peu près la moitié du poids du corps.

► Pour se mettre au garde-à-vous, ces soldats contractent des muscles du cou, du dos et des jambes.

La charpente

Le squelette est constitué d'os de formes et de tailles variées. Les os des bras et des jambes sont longs et fins, ceux du poignet sont petits et ronds. Bien que les os soient durs et rigides, ils peuvent grandir.

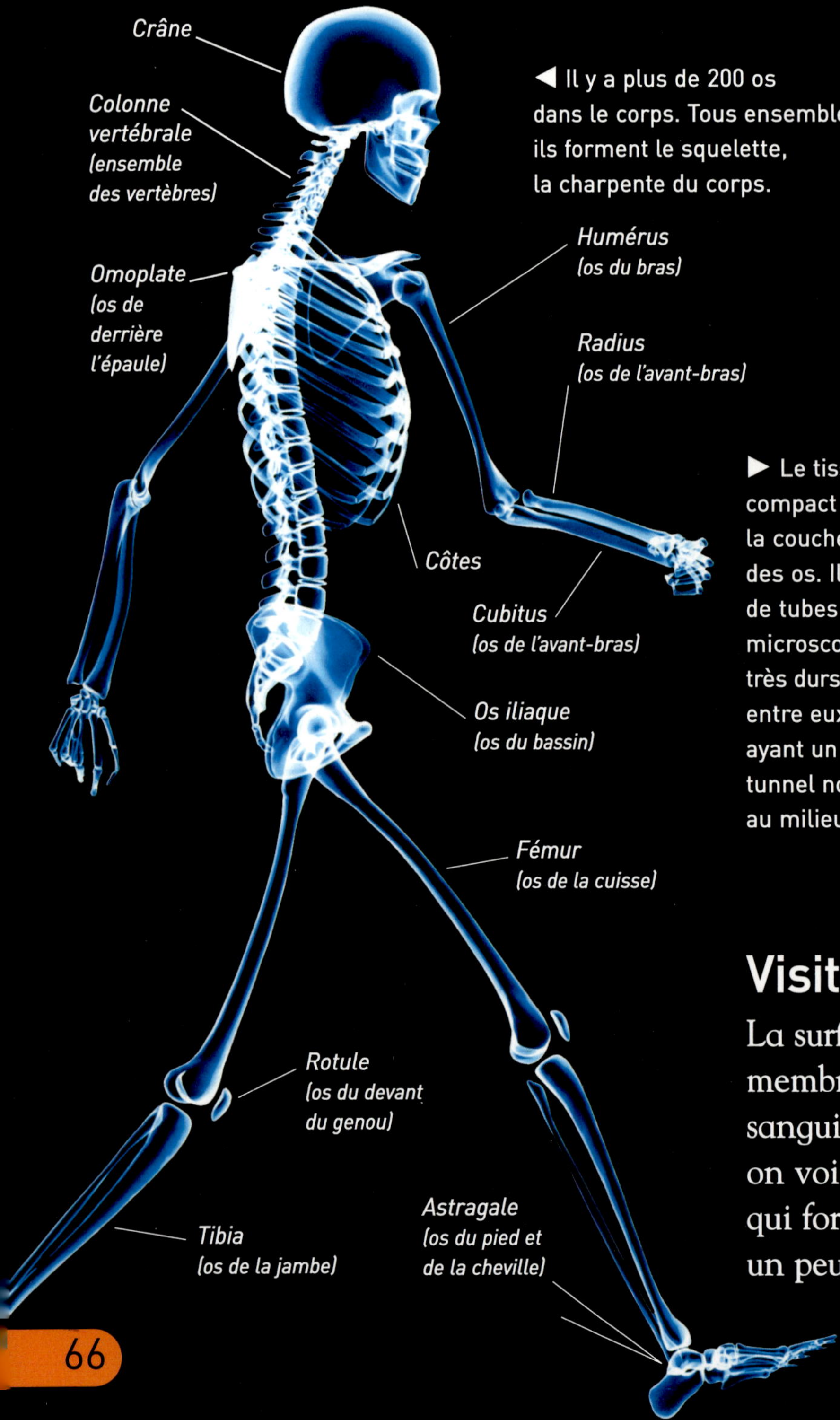

◀ Il y a plus de 200 os dans le corps. Tous ensemble, ils forment le squelette, la charpente du corps.

▼ Les os comme le fémur (dans la cuisse) sont remplis de moelle. Les vaisseaux sanguins fournissent aux os la nourriture et l'oxygène.

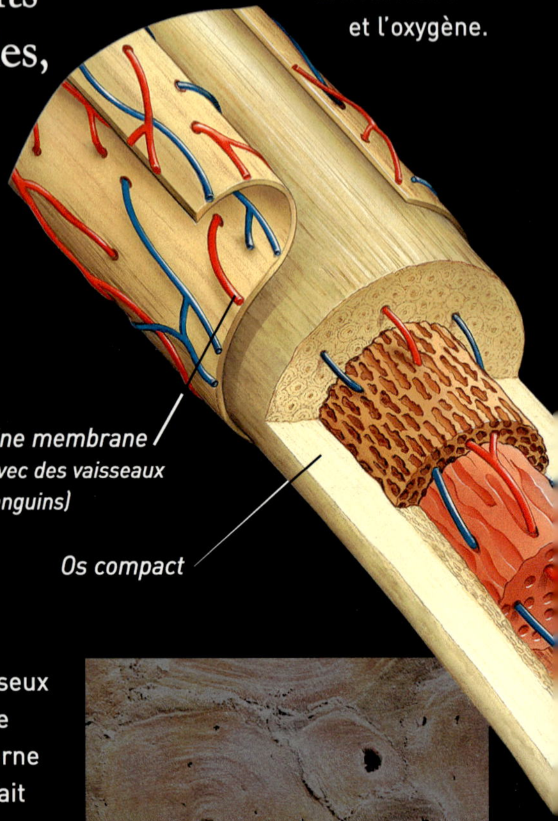

▶ Le tissu osseux compact forme la couche externe des os. Il est fait de tubes microscopiques très durs, fusionnés entre eux (chacun ayant un petit tunnel noir au milieu).

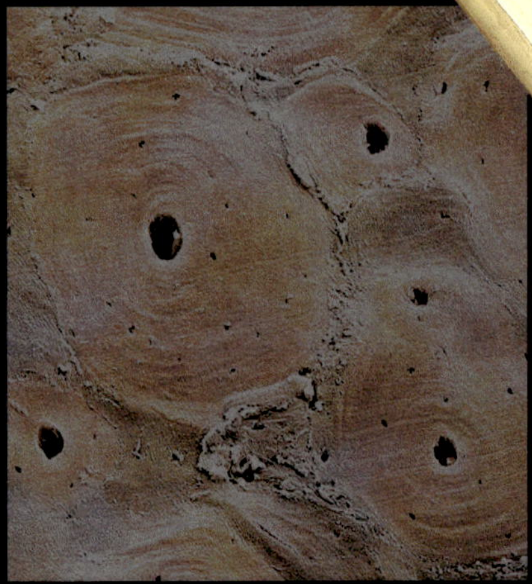

Visite d'un os

La surface est couverte d'une fine membrane contenant des vaisseaux sanguins et des nerfs. Au-dessous, on voit un tissu dur appelé os compact qui forme une coquille autour d'un tissu un peu moins dur, l'os spongieux.

▶ C'est grâce à la forme du squelette que les hommes peuvent se tenir debout : les pieds assurent une large base d'appui, le bassin permet à la colonne vertébrale de se redresser.

flash infos

- À la naissance, les bébés ont plus de 300 os.
- Les adultes en ont 200 environ, car certains os fusionnent pendant la croissance.

La moelle osseuse

Les os des jeunes enfants sont remplis de moelle rouge, qui ressemble à de la gelée. Elle fabrique les cellules du sang. Chez l'adulte, une partie se transforme en une substance graisseuse, la moelle jaune.

Tiens-toi droit !

Les os peuvent changer de forme, car ils sont faits de cellules vivantes et grandissent. C'est pourquoi le docteur vérifie que les os des enfants sont bien droits, afin d'éviter des déformations.

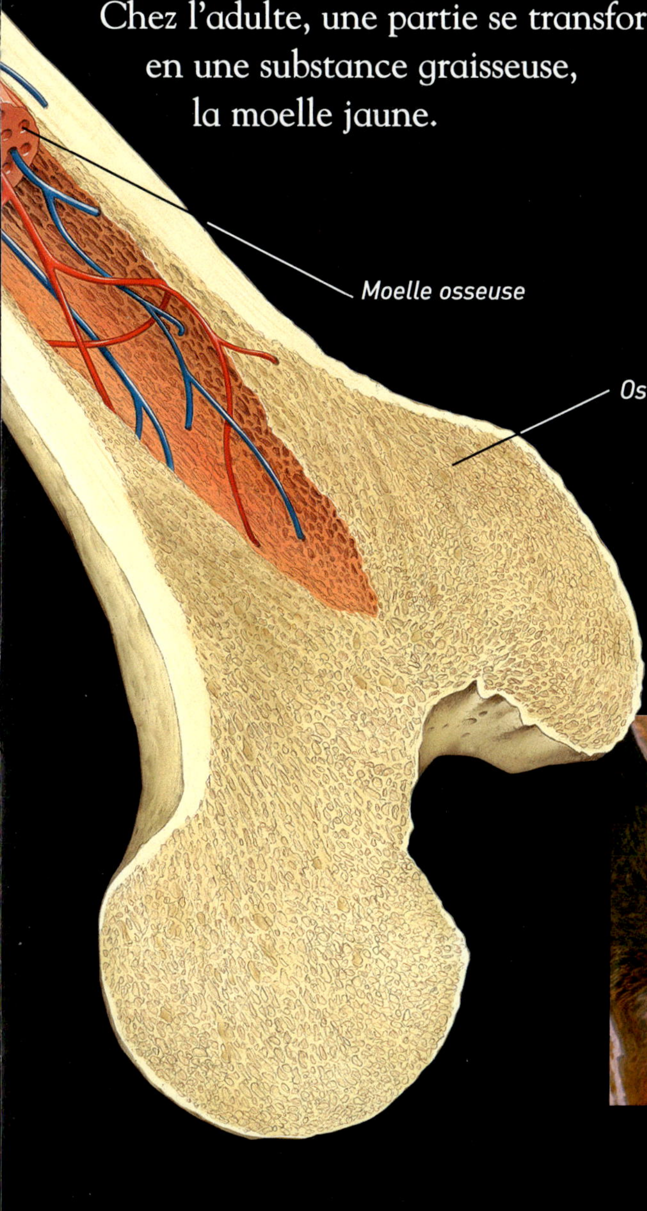

▶ Certains tests peuvent montrer si les os sont malades. Cette image présente le squelette d'une personne en bonne santé.

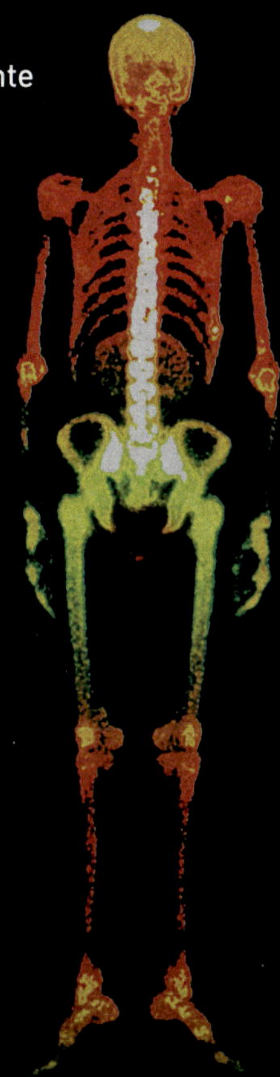

▼ Le tissu osseux spongieux est fait de tubes microscopiques ressemblant aux mailles d'un filet, remplis de moelle.

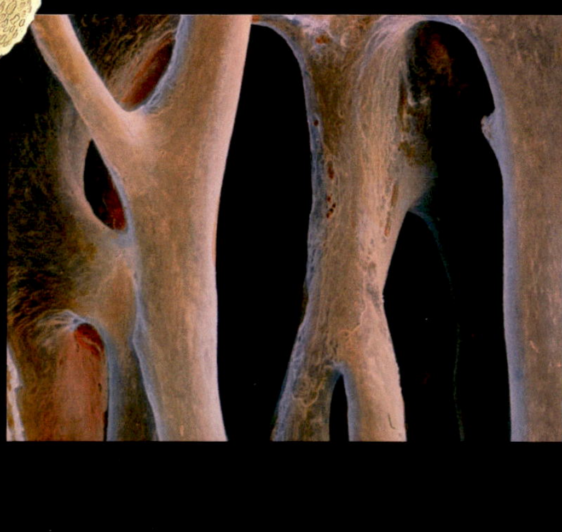

Les articulations

Dès que deux os sont en contact, il y a une articulation entre eux. Parfois, les deux os sont solidement fixés. Dans d'autres cas, ils peuvent bouger librement, permettant à deux parties du corps de se plier ou de tourner. Sans cette souplesse, il te serait presque impossible de bouger.

Le cartilage

Les os d'une articulation doivent glisser parfaitement pour empêcher l'usure et les déchirures. Dans le genou, par exemple, ils sont recouverts d'une couche glissante, le cartilage. Il y a également un liquide entre les deux couches de cartilage pour réduire les frottements.

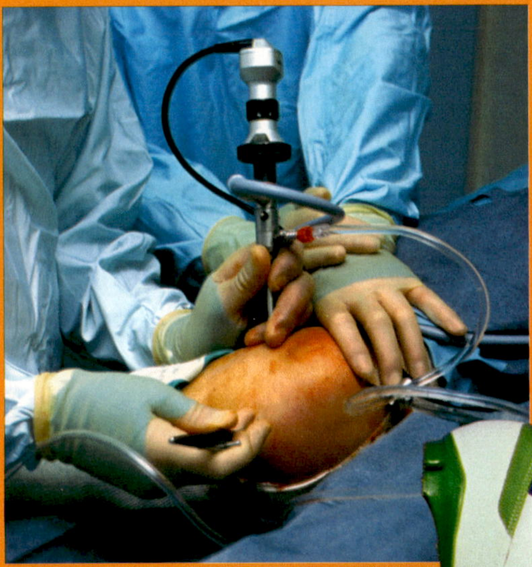

▲ On peut regarder dans une articulation avec un instrument en forme de tube appelé endoscope.

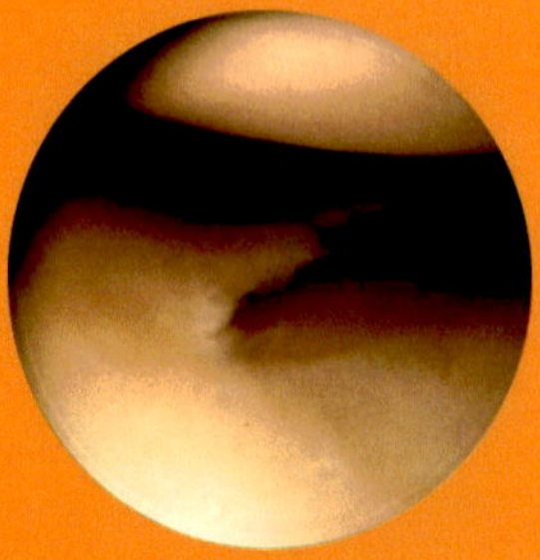

▲ Cette photographie prise avec un endoscope montre le cartilage à l'intérieur du genou.

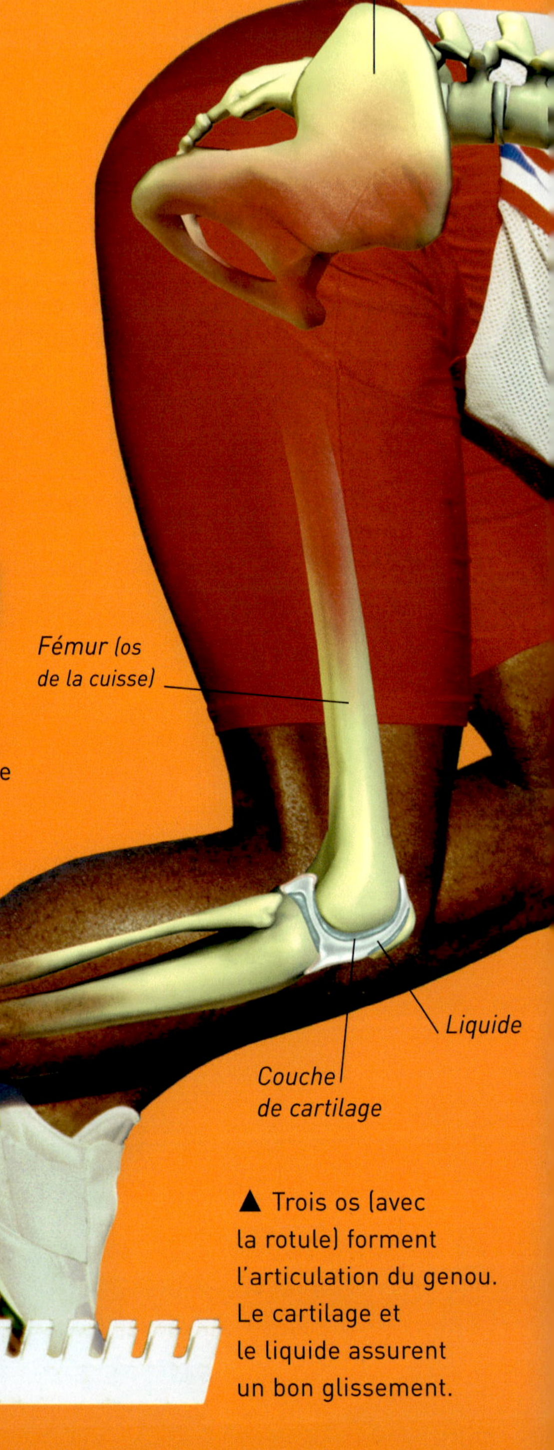

▲ Trois os (avec la rotule) forment l'articulation du genou. Le cartilage et le liquide assurent un bon glissement.

Une colonne d'os

La colonne vertébrale se trouve au milieu du dos. Si c'était un seul os, tu serais incapable de te pencher en avant. Mais elle est faite d'un grand nombre de petits os, les vertèbres, articulés entre eux.

flash infos

- Le corps contient plus de 400 articulations. La plupart d'entre elles sont très mobiles.
- Il y a de solides ligaments entre les os d'une articulation, qui les empêchent de se déplacer.
- Si tu te tords la cheville, les ligaments peuvent être étirés et déchirés. C'est une entorse.

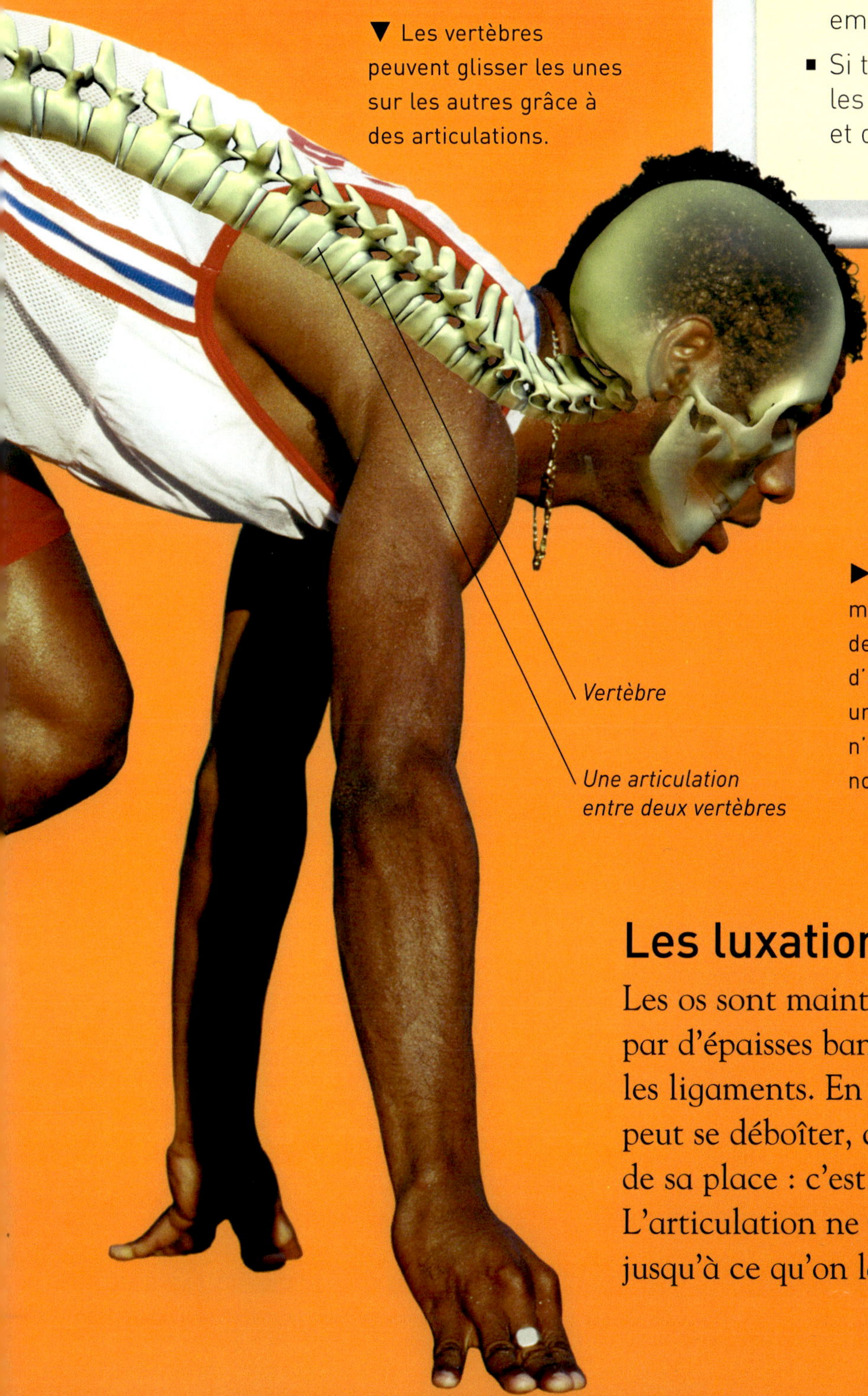

▼ Les vertèbres peuvent glisser les unes sur les autres grâce à des articulations.

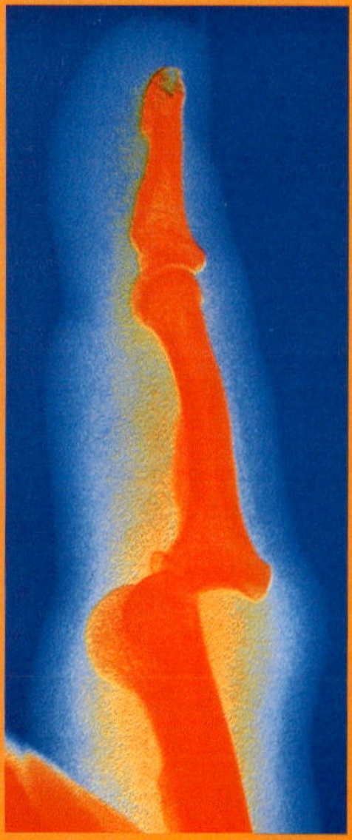

▶ Cette radiographie montre la luxation de la phalange d'un doigt. Tu vois un os déboîté, qui n'est plus à sa place normale.

Les luxations

Les os sont maintenus en place par d'épaisses bandes de tissu, les ligaments. En cas de choc, un os peut se déboîter, c'est-à-dire sortir de sa place : c'est une luxation. L'articulation ne fonctionne plus jusqu'à ce qu'on la remette en place.

Comment elles bougent

Les articulations peuvent bouger de différentes manières. Le genou, par exemple, quand il se plie, fonctionne comme la charnière d'une porte. D'autres, comme l'épaule, peuvent faire beaucoup plus de mouvements.

L'articulation de l'épaule ressemble à une balle qui tourne dans une capsule.

Le pouce a une articulation en forme de selle.

Balle et capsule

Dans l'articulation de la hanche et de l'épaule, un os en forme de balle tourne dans un os creux, en forme de capsule (ou d'assiette creuse). Ce type d'articulation est le plus mobile.

Charnière et pivot

Les articulations du genou, du coude, des doigts et des orteils ressemblent à des charnières. Elles ne peuvent que se plier et se redresser. Le coude contient une seconde articulation, en pivot, qui permet de tourner la main.

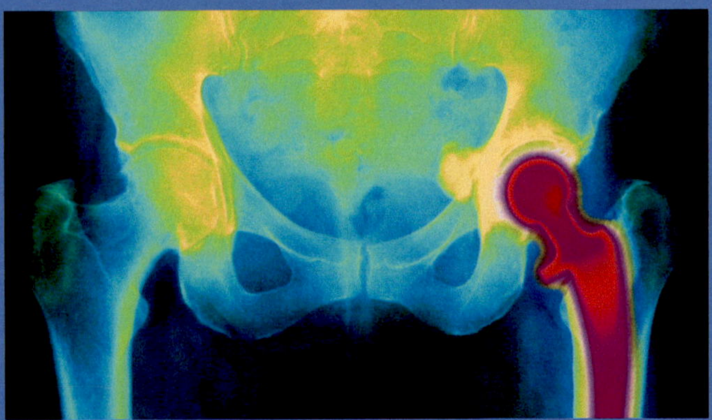

▲ Si l'articulation de la hanche est malade, on peut la remplacer par une articulation artificielle en métal (en rouge).

flash infos

- Les contorsionnistes n'ont pas des articulations extraordinaires, elles sont seulement très souples !
- Chaque pas que tu fais utilise 33 articulations dans chaque pied.
- Dans le poignet et le pied, les os glissent les uns sur les autres.

▲ Cette contorsionniste arrive à tordre son corps grâce à des articulations très flexibles.

Les mouvements du pouce

À la base du pouce, se trouve un os en forme de selle de cheval, et un autre qui rentre à l'intérieur. Cette articulation fait de larges cercles et aide les autres doigts à agripper les objets.

Souplesse

Tout le monde ne peut pas mettre les pieds derrière ses oreilles ! Mais certaines personnes ont des articulations si souples qu'elles prennent des positions extraordinaires.

◀ Chaque type d'articulation a ses propres possibilités : par exemple, se plier pour le genou, décrire un cercle pour le bras.

Pliages

On peut plier ses oreilles vers l'avant. C'est parce qu'elles sont faites d'un tissu souple, qui ressemble aux arêtes de poisson : le cartilage. Le nez et le larynx (la bosse au milieu du cou) contiennent aussi du cartilage.

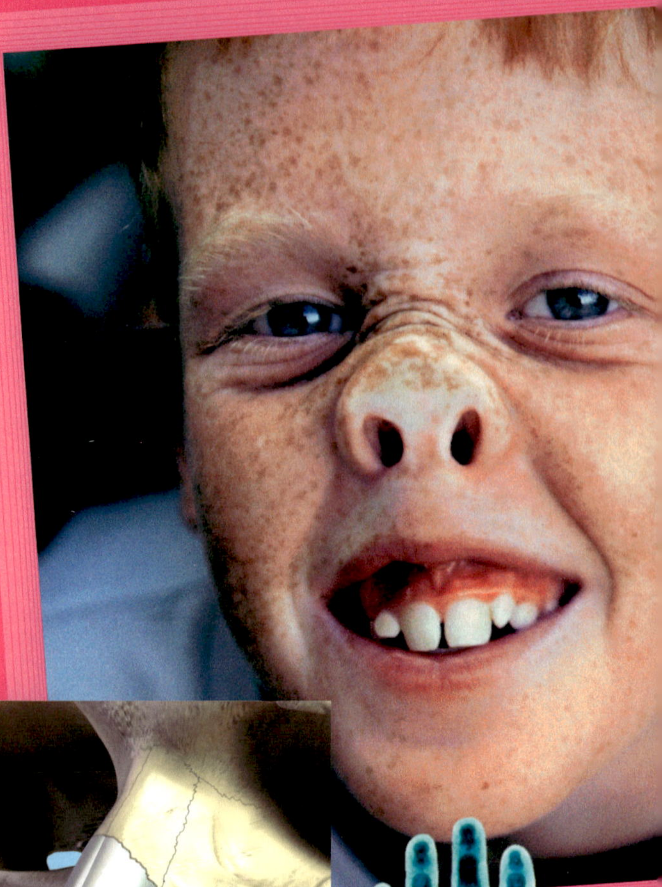

Dans le nez

Il existe plusieurs pièces de cartilage dans le nez. Elles se trouvent dans les ailes du nez et lui donnent sa forme. Une pièce centrale appelée septum divise l'intérieur du nez en deux cavités, les fosses nasales.

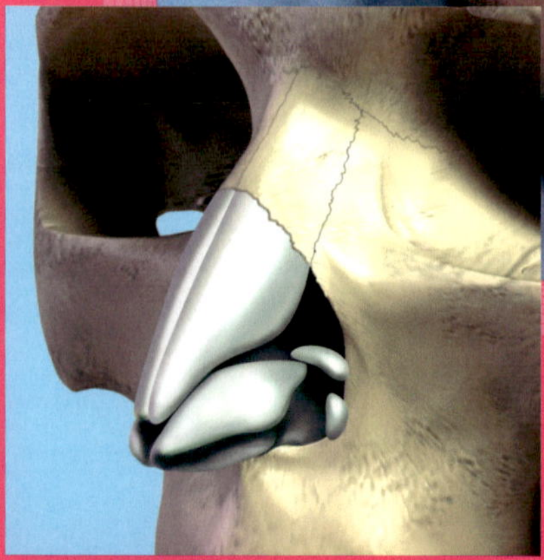

▲ La partie supérieure du nez est en os. Des lamelles de cartilage (en gris) forment le reste.

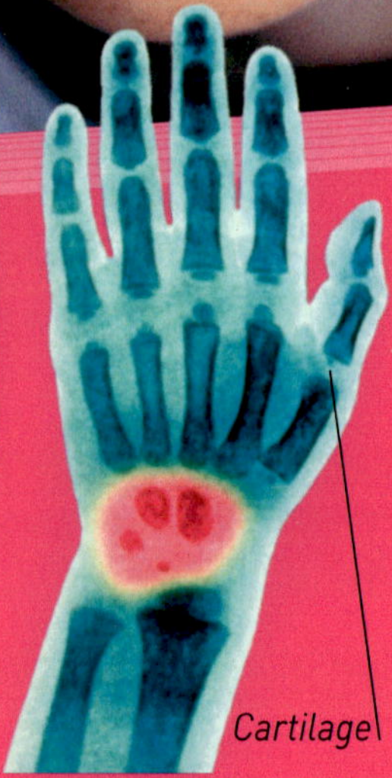

Enfant de deux ans

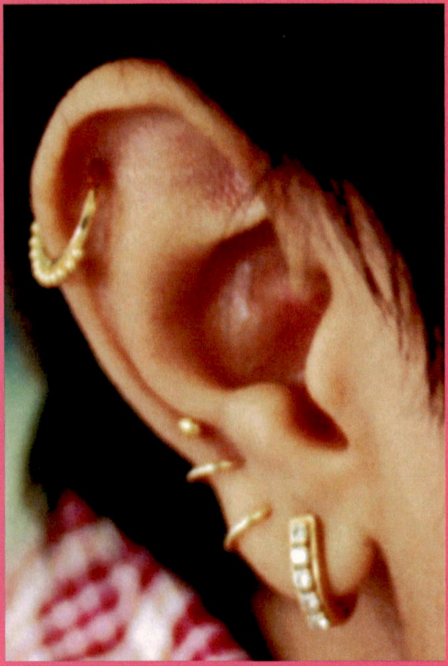

◀ Le cartilage est assez mou pour qu'on puisse le percer.

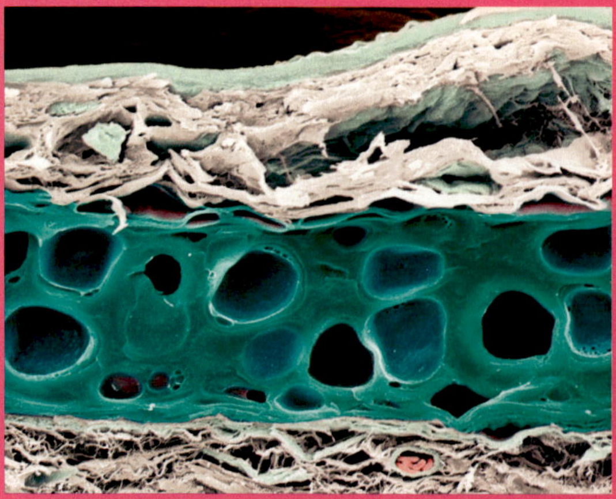

◀ Cette photographie prise au microscope montre une couche de cartilage (en vert) entourée de peau. Les trous contiennent des cellules (non visibles ici) qui fabriquent le cartilage.

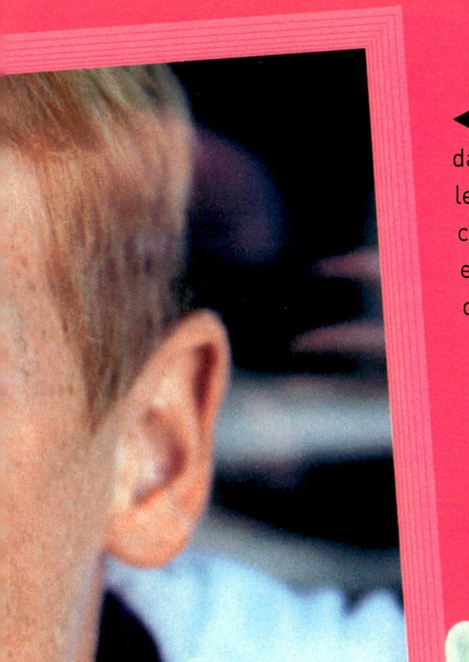

◀ Tu peux tordre ton nez dans tous les sens, le plier ou l'écraser, car la partie inférieure et les côtés sont des pièces de cartilage.

flash infos

- Le cartilage du sternum (l'os en avant des côtes) ne se transforme pas en os avant l'âge de 40 ans.
- Le larynx forme sur le cou une bosse appelée pomme d'Adam.
- Les plis du pavillon de l'oreille, fait en cartilage, aident à capter les sons.

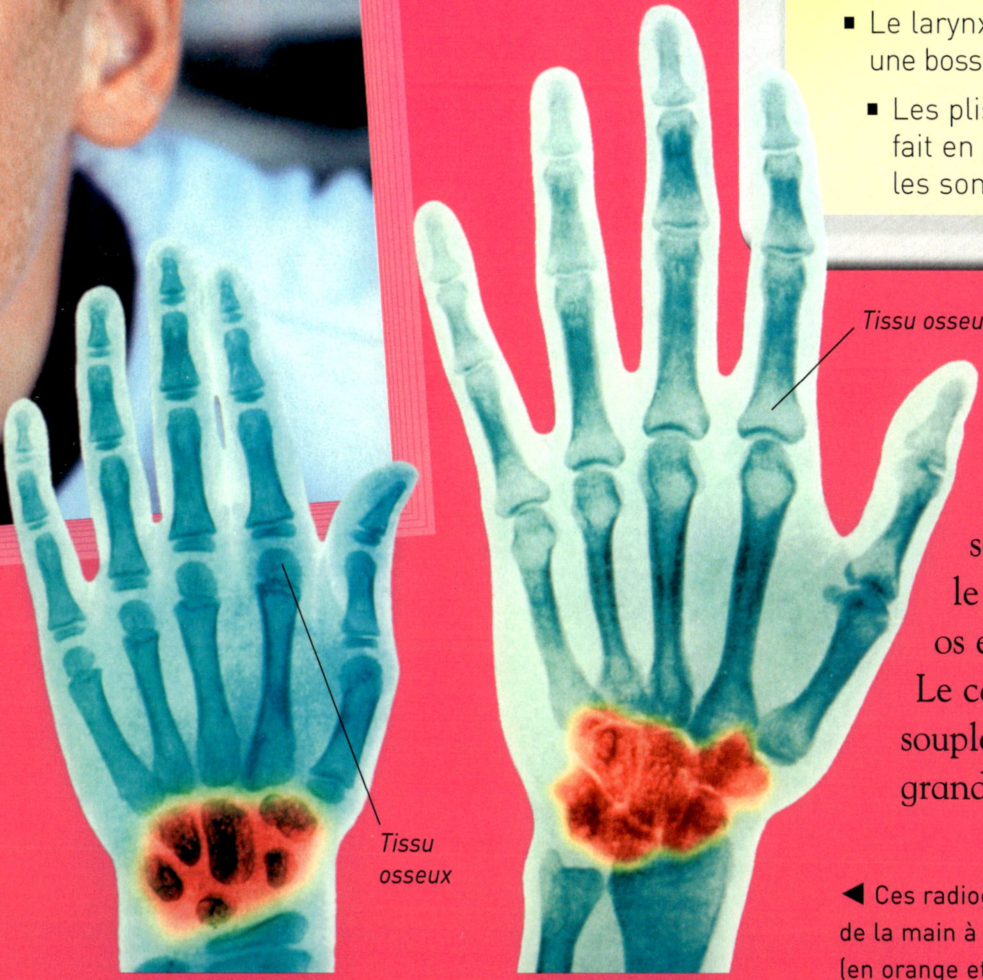

Enfant de sept ans *Adulte*

Un squelette mou

Pendant les six premières semaines, un bébé dans le ventre de sa mère a des os entièrement en cartilage. Le cartilage, plus mou et plus souple que le tissu osseux, grandit plus facilement.

◀ Ces radiographies montrent les os de la main à différents âges. Le cartilage (en orange et bleu clair) est progressivement remplacé par du tissu osseux (en bleu foncé).

Croissance et réparation

Le cartilage s'abîme facilement. Certains athlètes doivent prendre leur retraite tôt à cause de la blessure d'un cartilage. Des expériences sont tentées en laboratoire pour faire pousser du cartilage, et pourront peut-être un jour les guérir.

Du cartilage aux os

Les os des jeunes enfants comportent beaucoup de pièces de cartilage, au milieu du tissu osseux dur. Certaines se révèlent indispensables à la croissance.
Petit à petit, le cartilage va se transformer en tissu osseux.

Les muscles du mouvement

Sans les muscles, tu ne pourrais pas te gratter la tête, ouvrir une porte, ni tourner une page de ce livre. Les muscles et les os travaillent ensemble. Les muscles sont attachés sur les os et agissent en tirant dessus.

Sous la peau

Il y a presque 650 muscles que tu peux contracter et contrôler. On les appelle muscles squelettiques, car ils sont solidement attachés aux os par d'épais tendons qui ressemblent à des cordes.

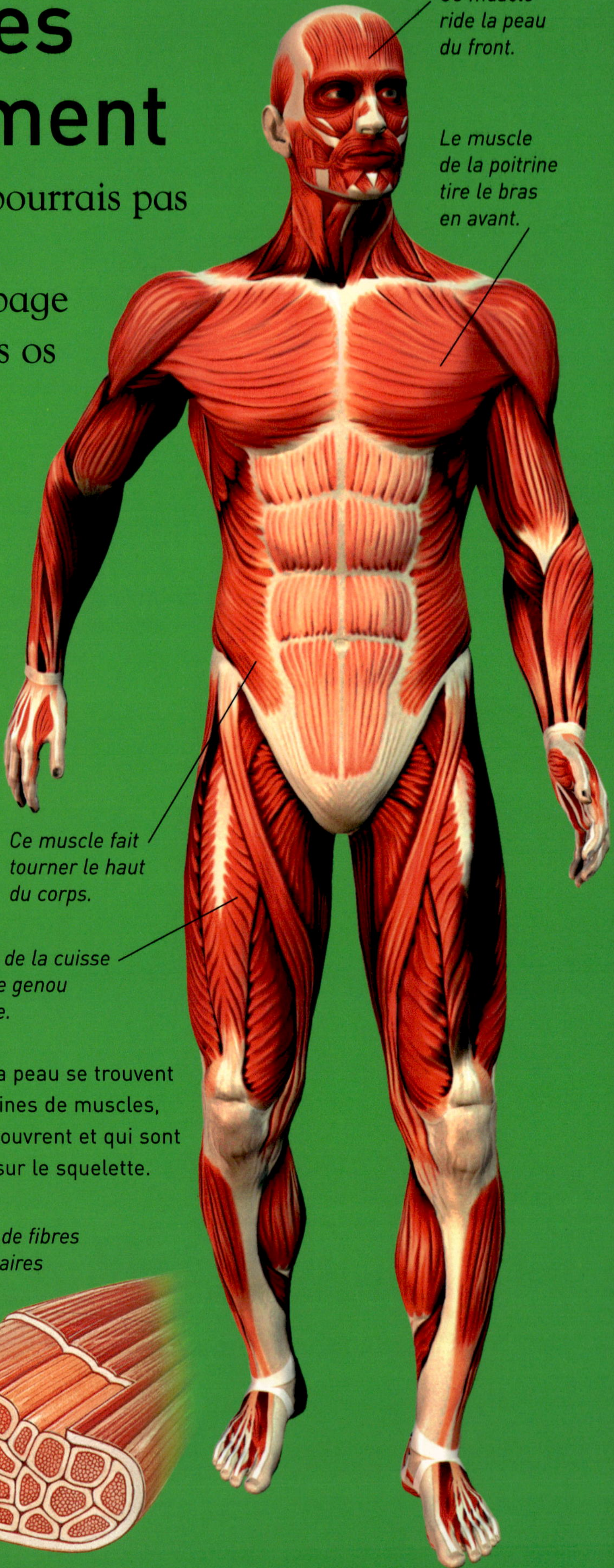

▶ Sous la peau se trouvent des centaines de muscles, qui se recouvrent et qui sont attachés sur le squelette.

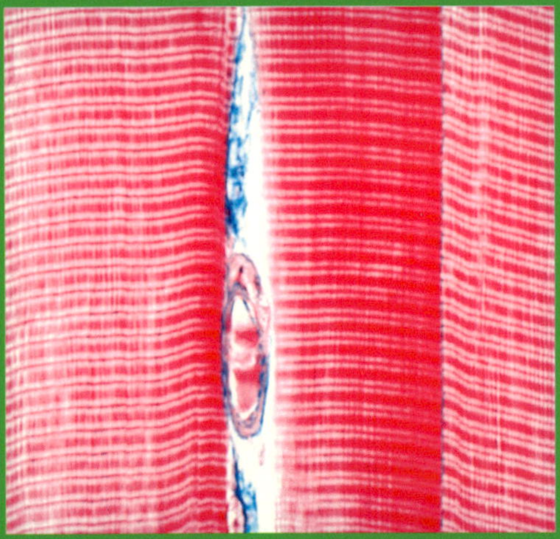

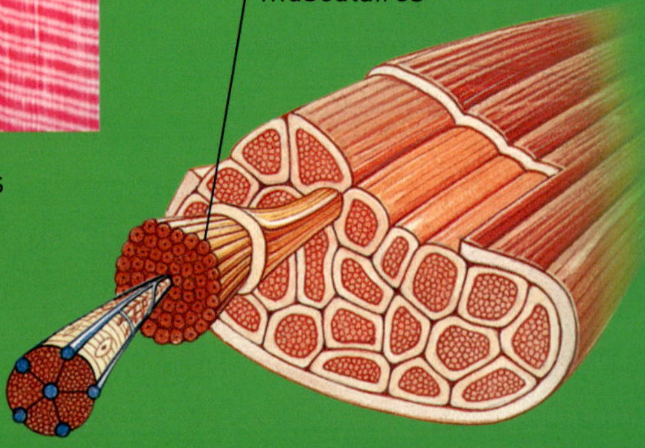

▲ ▶ Le muscle est fait de longues cellules appelées fibres (à droite), superposées en masse compacte. Au microscope, les fibres ont un aspect rayé (ci-dessus).

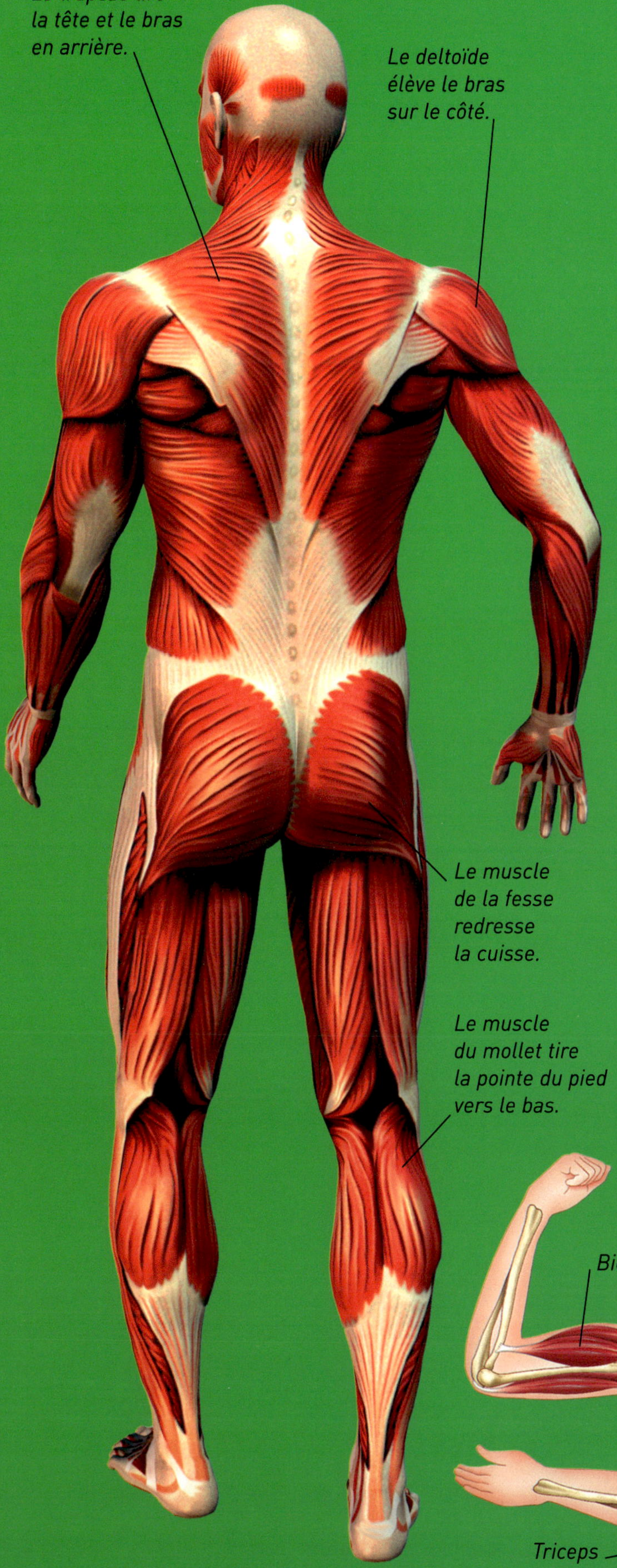

flash infos

- Le muscle de la fesse est l'un des plus puissants du corps.
- Les muscles n'agissent qu'en tirant dans une seule direction (ils ne peuvent pas pousser).
- Quand tu marches, tu actionnes plus de 200 muscles.

Comment marchent-ils ?

Les muscles font bouger le corps parce qu'ils sont attachés aux os. Quand un muscle se contracte (il devient dur), il se raccourcit et tire sur un os en le faisant bouger. Quand tu plies le bras, tu peux sentir avec l'autre main le muscle qui grossit et durcit.

Les paires de muscles

Les muscles du mouvement sont contrôlés et coordonnés par le cerveau. Beaucoup de muscles travaillent par paires : un muscle tire dans un sens, l'autre tire à l'opposé.

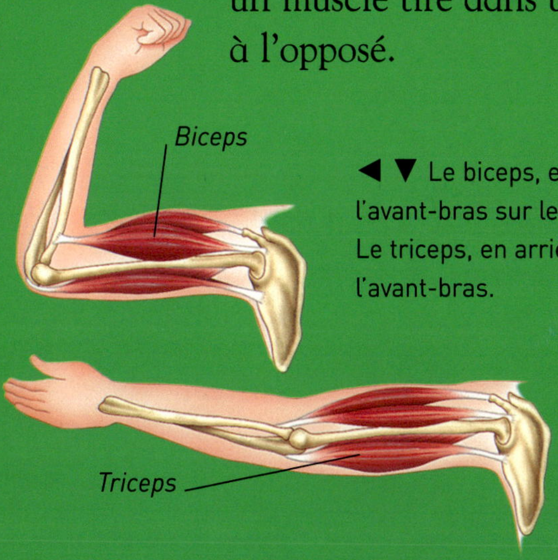

◄ ▼ Le biceps, en avant, plie l'avant-bras sur le bras. Le triceps, en arrière, redresse l'avant-bras.

Le crâne

Le crâne est une boîte osseuse dure. Il contient et protège le cerveau et d'autres organes mous très fragiles, comme les yeux, les oreilles et la langue. Les nerfs et les vaisseaux entrent dans le crâne et en sortent par de petits trous.

▲ Ce crâne décoré est utilisé au Mexique le jour de la fête des Morts.

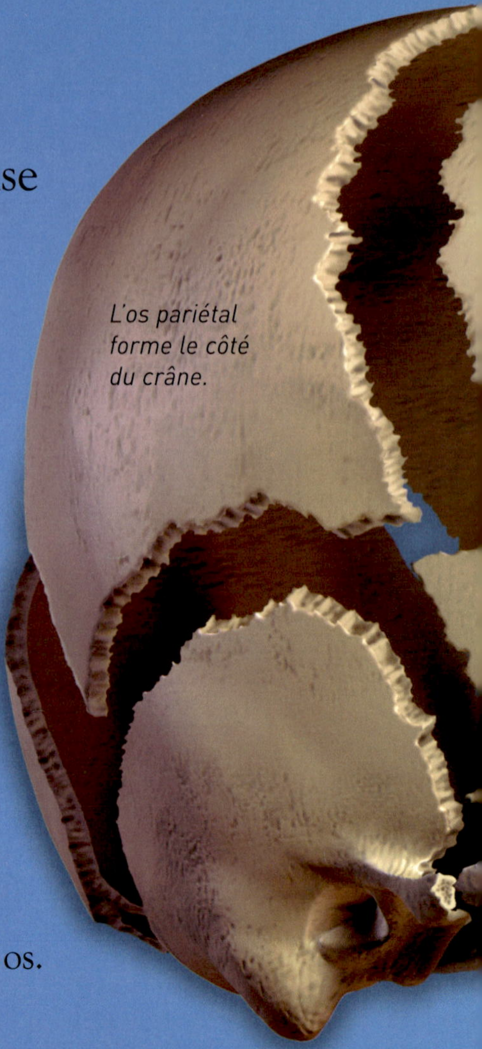

▲ Sur cette vue éclatée, on a écarté les os du crâne et du visage pour mieux montrer comment ils tiennent (comme un puzzle). Grâce à leurs bords dentelés, ils s'accrochent fermement entre eux.

La tête

Le crâne comprend vingt-deux os. Huit d'entre eux sont larges et plats, et forment la voûte, au-dessus et sur les côtés du cerveau. Les autres os constituent le visage, devant le crâne. Un seul os de la tête est mobile : la mâchoire inférieure (ou mandibule).

▲ Ce cycliste ne prend aucun risque. Son casque protège son crâne et son cerveau des coups et des chocs.

En équilibre

Les os du crâne sont emboîtés et ne peuvent pas bouger. Le crâne est en équilibre sur la colonne vertébrale. À la base du crâne se trouve un grand trou qui laisse passer la moelle épinière. Celle-ci commence au niveau du cerveau, dans le crâne, et se prolonge dans la colonne vertébrale.

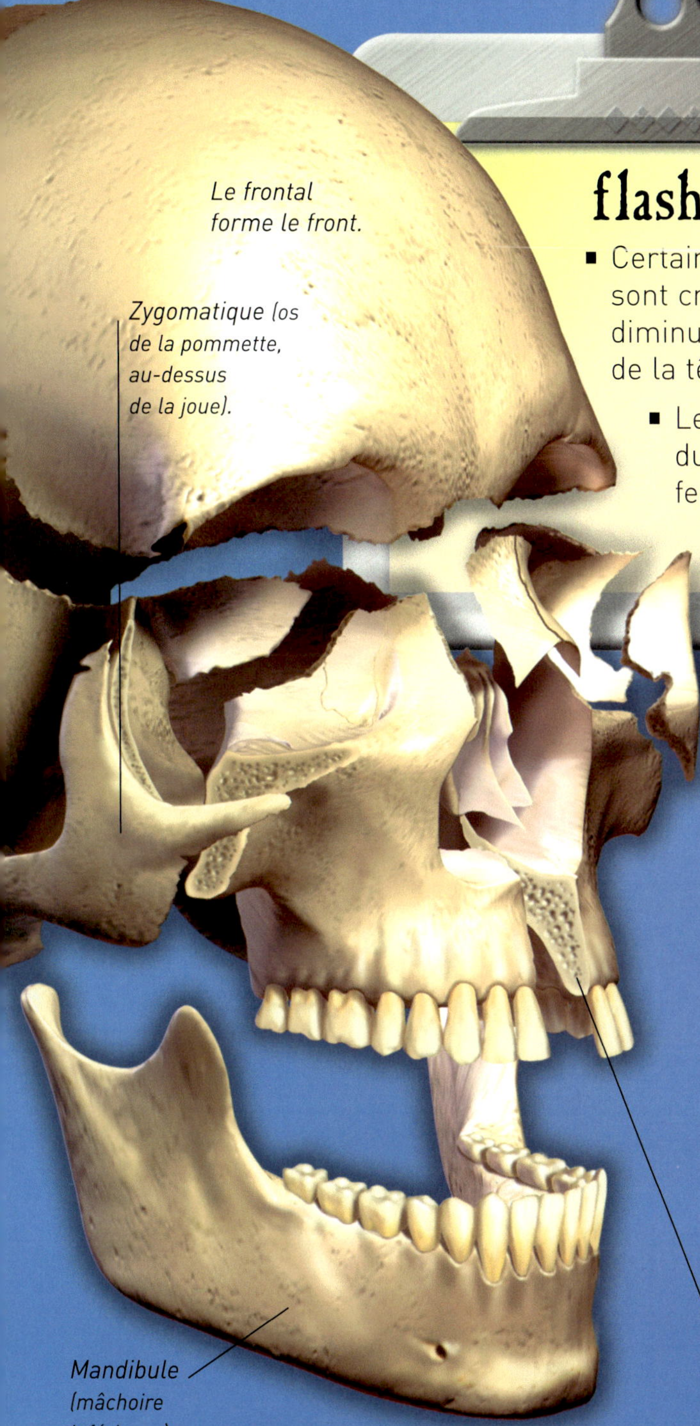

flash infos

- Certains os de la tête sont creux, ce qui diminue le poids total de la tête.
- Les fontanelles du bébé se ferment entre 12 et 18 mois.

Prudence !

Quelle que soit la dureté du crâne, elle ne suffit pas toujours à protéger son précieux contenu. Dans beaucoup de sports (vélo, planche à roulettes, ski, etc.), il est important de porter un casque.

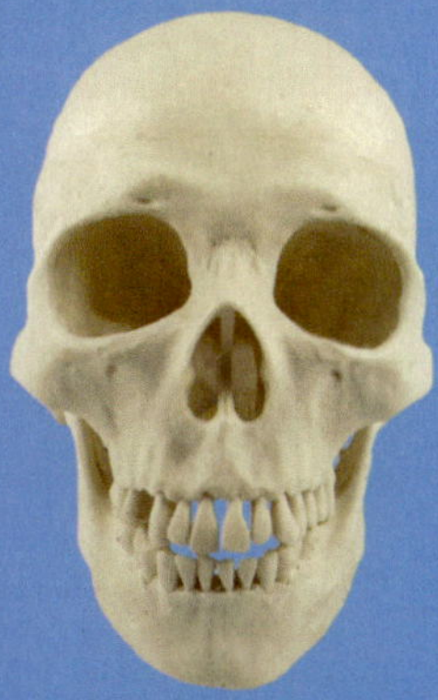

▲ Le crâne et le visage sont percés de deux grandes ouvertures, les orbites, contenant les yeux.

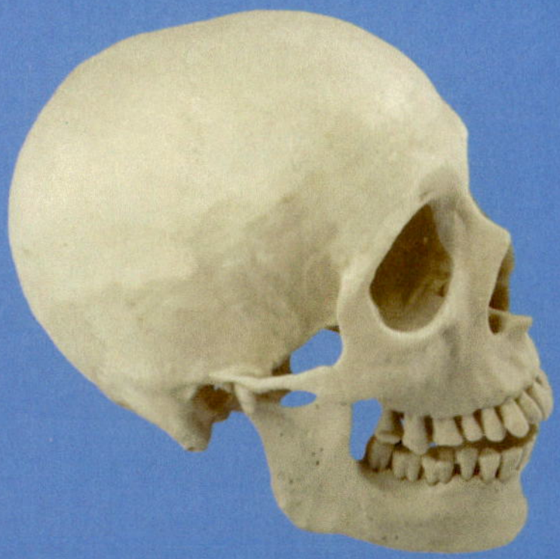

▲ La mandibule est l'os le plus solide et le plus grand de la tête. Il sert à mâcher et est utile à la parole.

Les fontanelles

Chez le bébé, les os du crâne ne sont pas encore soudés. Il y a même des trous entre les os, appelés fontanelles. Si ce n'était pas le cas, le crâne du bébé ne pourrait pas grandir en même temps que son cerveau grossit.

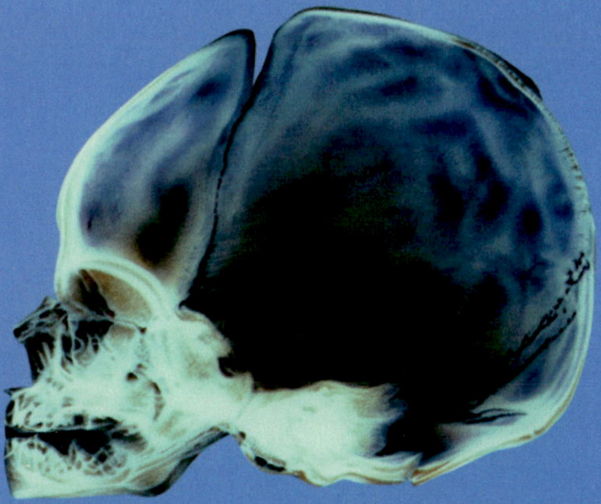

▲ Cette radiographie du crâne d'un bébé montre les trous, ou fontanelles, qui se fermeront plus tard.

Le visage

Si tu as déjà eu une piqûre anesthésiante chez le dentiste, tu sais ce qui arrive quand les muscles du visage sont en panne. Tu peux à peine parler et tu commences à baver ! Les muscles du visage aident à parler, à manger et à s'exprimer sans les mots.

Les grimaces

Pour connaître l'humeur de quelqu'un, regarde son visage. Les mimiques (les expressions du visage) indiquent si l'on est content ou triste, heureux ou fâché. Beaucoup d'entre elles, comme le sourire, sont comprises partout dans le monde.

► Les muscles du visage tirent sur la peau, pour créer toutes sortes d'expressions, de la colère à la surprise.

Le muscle du baiser

Un anneau de muscle autour de la bouche fait remuer les lèvres. On peut l'appeler le muscle du baiser ! Il sert aussi à sucer, à siffler et à former des mots.

◄ Quand tu bois avec une paille, un anneau de muscle autour de la bouche entre en action.

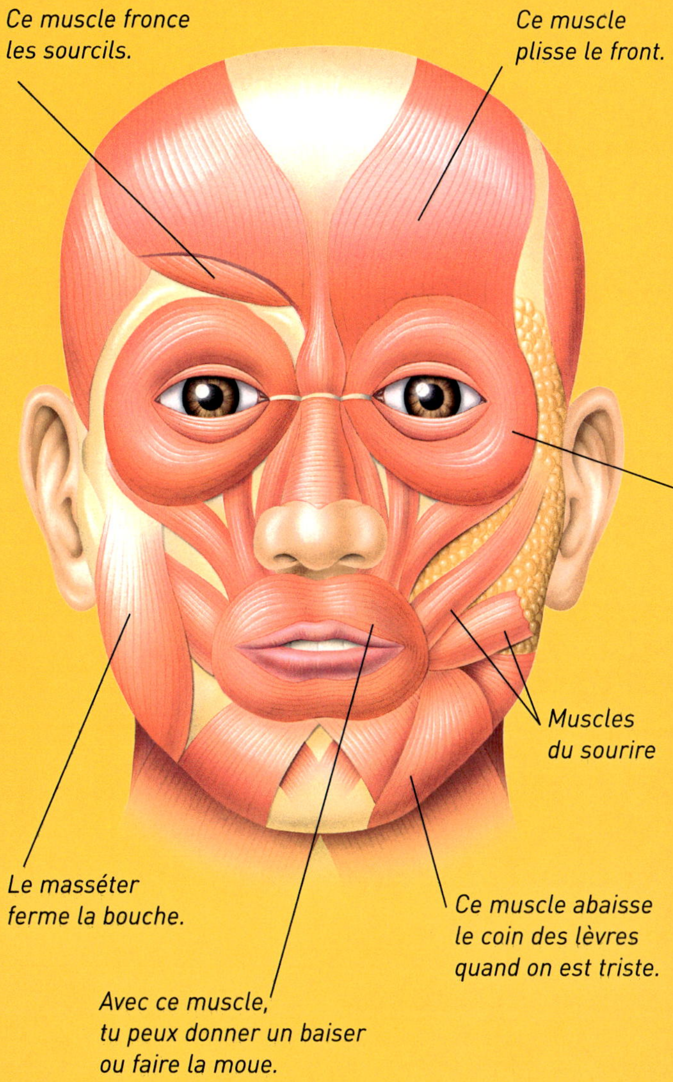

▲ Les muscles du visage servent à s'exprimer, à manger et à parler.

▼ Un artiste de cirque des années 1920 montre la force des muscles qui ferment la bouche : les masséters.

Le clignement de l'œil

L'œil a un système de sécurité automatique. À chaque clignement, les paupières essuient les poussières. Si on objet s'approche trop près, les mêmes muscles ferment instantanément les paupières pour protéger l'œil.

flash infos

- Il y a plus de 40 muscles dans le visage.
- Il te faut presque tous les muscles pour froncer les sourcils, mais moins de la moitié pour sourire.
- Les 2 masséters (muscles qui ferment la bouche) sont les muscles les plus puissants du corps.

Les vertèbres

Tu peux sentir des petites bosses au milieu du dos. Chacune d'entre elles est un os en forme d'anneau appelé vertèbre. La colonne vertébrale est l'ensemble de toutes les vertèbres. Douze paires de côtes recourbées s'y attachent.

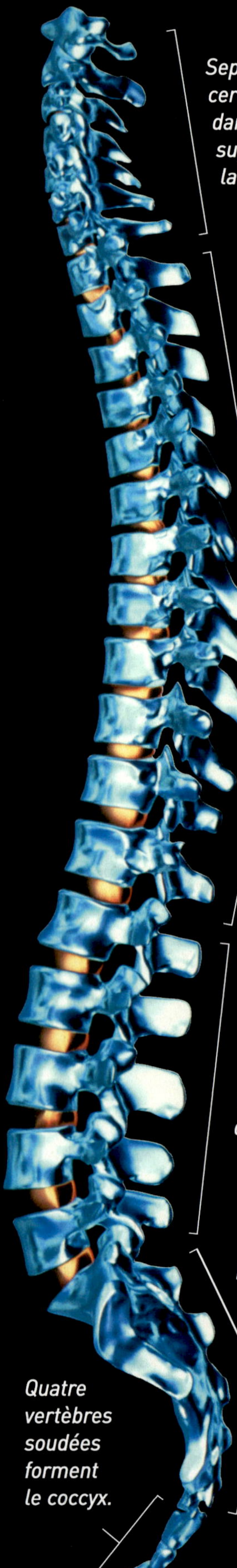

◄ ▲ La colonne vertébrale a trente-trois os : vingt-quatre indépendants, et neuf qui sont fusionnés.

Un bon soutien

La colonne vertébrale comporte plusieurs courbes, qui ont chacune un rôle différent : soutenir la tête ou supporter le poids du corps. L'ensemble des courbes a un peu la forme d'un S, ce qui rend la colonne à la fois plus solide et plus souple.

▼ Un morceau d'une vertèbre cassée dans un accident appuie sur la moelle épinière.

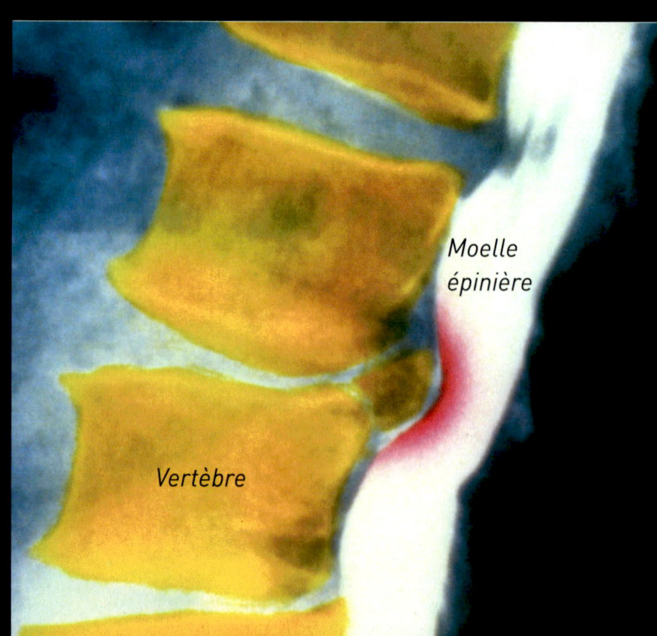

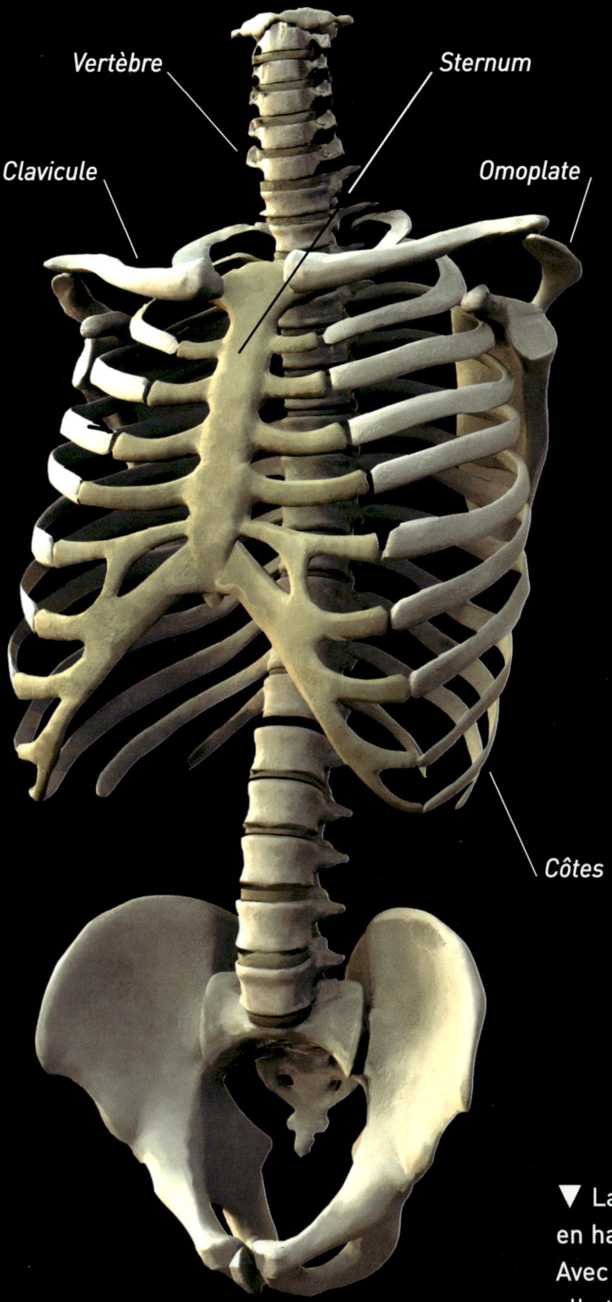

▲ Les côtes s'arrondissent autour de la poitrine, de chaque côté de la colonne vertébrale. La plupart des côtes s'attachent au sternum, en avant.

flash infos

- Environ 1 personne sur 20 a une paire de côtes supplémentaire.
- Au milieu des vertèbres, un canal protège la moelle épinière, qui transmet les messages entre le cerveau et le corps.
- Les 2 dernières paires de côtes ne sont pas attachées au sternum.

Les côtes

Les côtes forment une cage protectrice autour des poumons et du cœur. Elles montent et descendent pendant la respiration, afin d'aider les poumons à faire entrer l'air et à l'expulser.

Antichoc

Quand tu te tiens debout, quand tu sautes, une pression s'exerce sur la colonne vertébrale. Il y a des disques de cartilage entre les vertèbres, qui amortissent les chocs et protègent les os.

▼ La première vertèbre en haut s'appelle l'atlas. Avec la deuxième vertèbre, elle te permet de faire « oui » et « non » avec la tête.

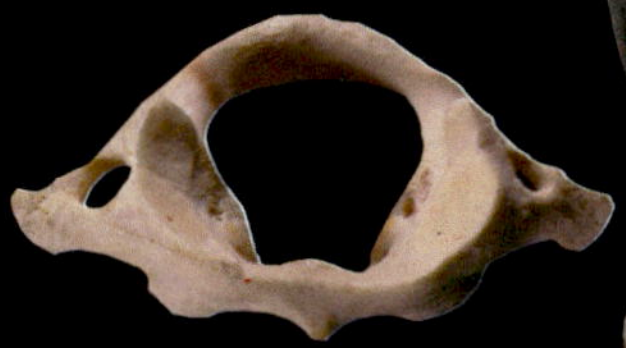

▶ L'atlas, qui soutient la tête, tire son nom d'une légende de la Grèce antique. On croyait que le géant Atlas portait la voûte céleste sur ses épaules.

▲ Sur l'empreinte d'un pied, tu vois bien que sa plante comporte un creux, la voûte plantaire, qui ne touche pas terre.

Les jambes

Pour marcher, courir ou simplement se tenir debout, les membres inférieurs doivent porter la totalité du poids du corps. Le fémur, l'os de la cuisse, est relié au tronc par l'os du bassin. C'est le plus grand et le plus solide des os.

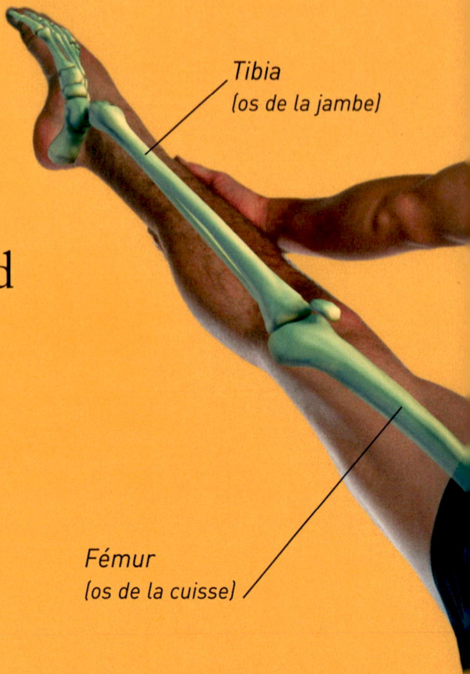

Le bassin osseux

Le bassin, qui ressemble à une cuvette, est la jonction entre le haut et le bas du corps. Les deux os iliaques arrondis se trouvent sur les côtés (au-dessous de la taille) et sur le devant (en bas du ventre). Dans le dos, ils s'attachent au sacrum (le bas de la colonne vertébrale).

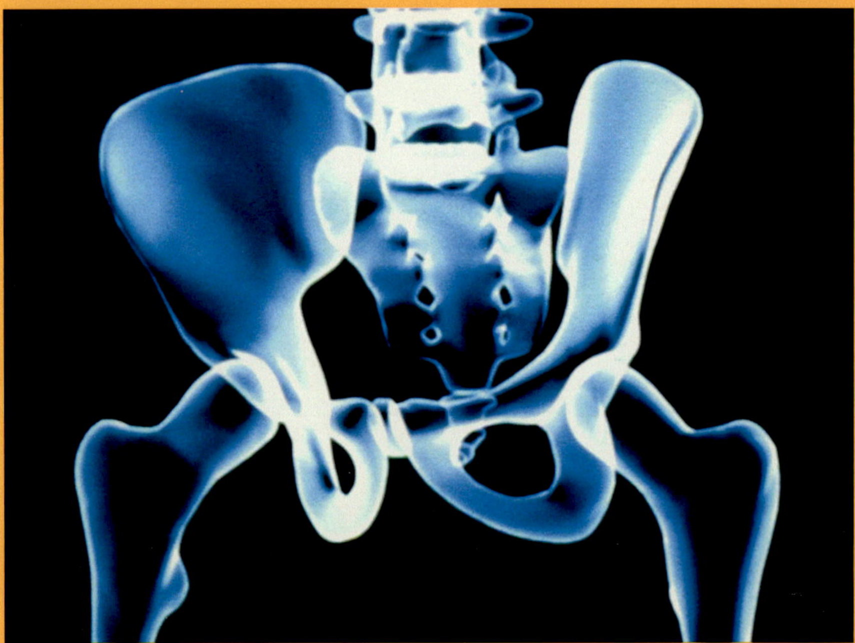

Sous pression

Quand tu es en mouvement, tes pieds poussent le corps en avant. Ils t'empêchent aussi de tomber par terre ! Les os et les ligaments sous le pied forment un creux, appelé voûte plantaire. La voûte est élastique, elle s'affaisse sous le poids du corps, puis se creuse à nouveau, et transforme ainsi le pied en un excellent amortisseur.

◀ Le bassin relie les cuisses à la colonne vertébrale. Il entoure des organes digestifs, urinaires et reproducteurs.

◀ Les os et les muscles de la jambe gauche de ce gymnaste portent son corps, tandis que sa jambe droite est étirée.

flash infos

- Il y a 26 os, 33 articulations et plus de 100 muscles et ligaments dans le pied.
- Les muscles du pied se détendent légèrement durant la journée.
- Les muscles de la jambe et du bras se ressemblent beaucoup.

Il porte bien son nom

Le couturier est un muscle de la cuisse, le plus long du corps. Il plie la cuisse sur le bassin et la jambe sur la cuisse, et tourne la cuisse vers l'extérieur. Il te permet ainsi de t'asseoir « en tailleur », comme les tailleurs d'autrefois quand ils faisaient de la couture.

▲ Cet athlète grimace de douleur, car il a une rupture du tendon d'Achille, qui rattache le muscle du mollet au talon.

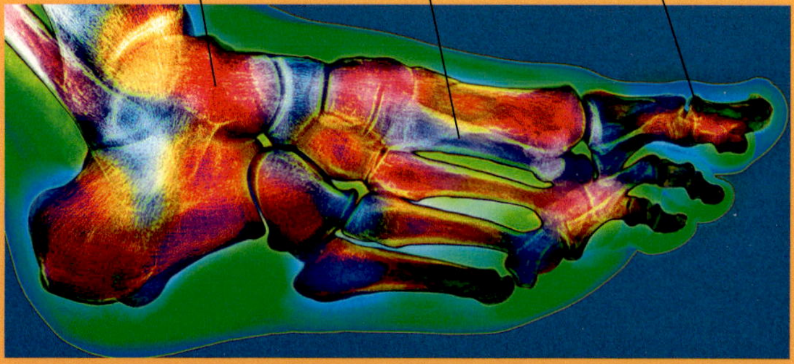

▶ Le pied contient le tarse (groupe de sept os), le métatarse (groupe de cinq os), et quatorze phalanges.

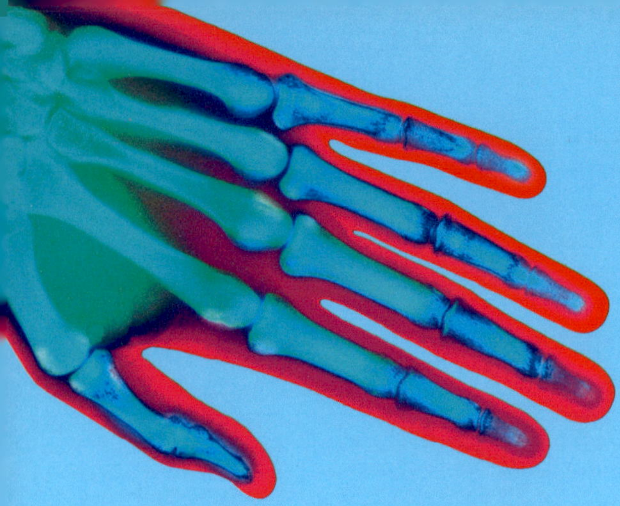

◀ Cette radiographie montre la disposition des os de la main. Le pouce a deux phalanges, les autres doigts en ont trois.

▼ La plupart des muscles qui contrôlent la main sont situés dans l'avant-bras et attachés aux doigts par des tendons.

Les mains

Tes mains sont des outils très surprenants. Elles saisissent et tiennent les objets avec une grande précision, elles peuvent conduire une machine compliquée ou attraper une balle. La main et le poignet contiennent vingt-sept os.

Les tendons

À chaque mouvement de la main, un grand nombre de muscles s'activent. La plupart se trouvent dans l'avant-bras (il n'y a pas assez de place dans la main). Ils tirent sur de longs tendons dont l'extrémité s'attache aux doigts.

Histoire d'une réussite

L'une des raisons de la réussite de l'espèce humaine est le fonctionnement du pouce ! Il peut s'opposer aux autres doigts. Ainsi, nous réalisons une grande variété de tâches avec nos mains.

Droitiers et gauchers

La plupart des gens sont droitiers. Une personne sur neuf est gauchère. Les gauchers ont du mal à se servir de certains outils qui ont été conçus pour des droitiers.

▶ Serrer les doigts et le pouce autour d'un objet donne une prise puissante (comme au jeu du tir à la corde).

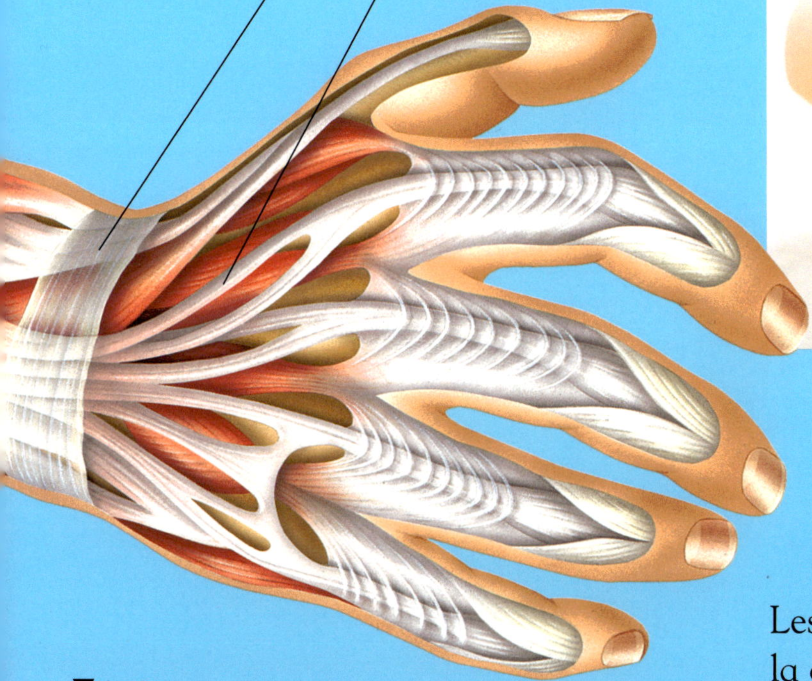

▲ Pour les jeux électroniques, il faut des mouvements rapides et précis des doigts.

Le langage des mains

Les mains jouent un rôle dans la communication. On serre la main, on dit au revoir, on applaudit si on est content. Les gens qui n'entendent pas peuvent apprendre le langage des signes, avec des gestes des mains.

▼ Le langage des signes permet de communiquer sans paroles, en faisant des gestes avec les doigts et les mains.

flash infos

- Le langage des signes est très employé dans le monde.
- En 1989, en Europe de l'Est, 2 millions de gens se sont tenus par la main pour former une chaîne humaine de solidarité.
- La main contient plus de 120 ligaments.

Ce qui arrive à un os cassé

Les os sont les parties les plus dures du corps. Pourtant, ils peuvent casser s'ils sont pliés ou tordus, ou s'ils reçoivent un coup violent. On se casse facilement le bras quand on tombe en tendant la main, pour arrêter la chute. Quand un os est cassé, il doit se ressouder en bonne position.

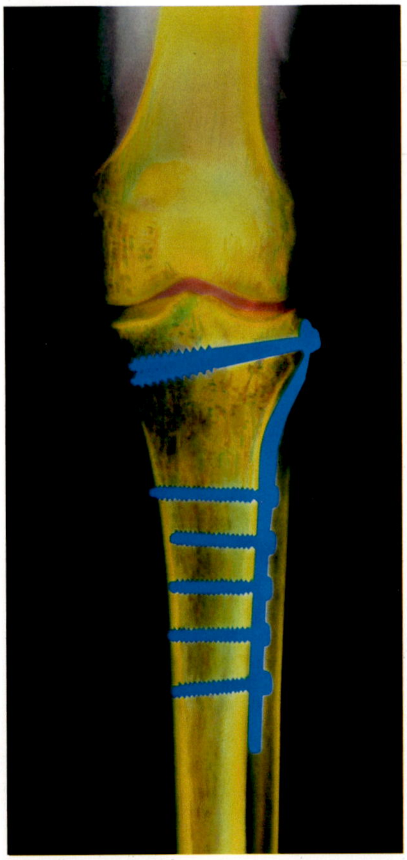

◀ Si un os est cassé en plusieurs morceaux, il faut une plaque et des vis pour maintenir les morceaux ensemble, en attendant que l'os guérisse.

Les fractures

Quand un os est cassé, on dit qu'il a une fracture. Parfois, l'os traverse les muscles (la chair) et occasionne même une blessure (un trou) dans la peau. C'est une fracture ouverte, très douloureuse. Si la peau n'est pas déchirée, on appelle cela une fracture fermée.

Les radiographies

Le médecin regarde si un os est cassé grâce à une radiographie, une sorte de photographie. Elle montre l'os lui-même à travers la peau et les muscles, car l'os est très dense et très épais. On le voit facilement.

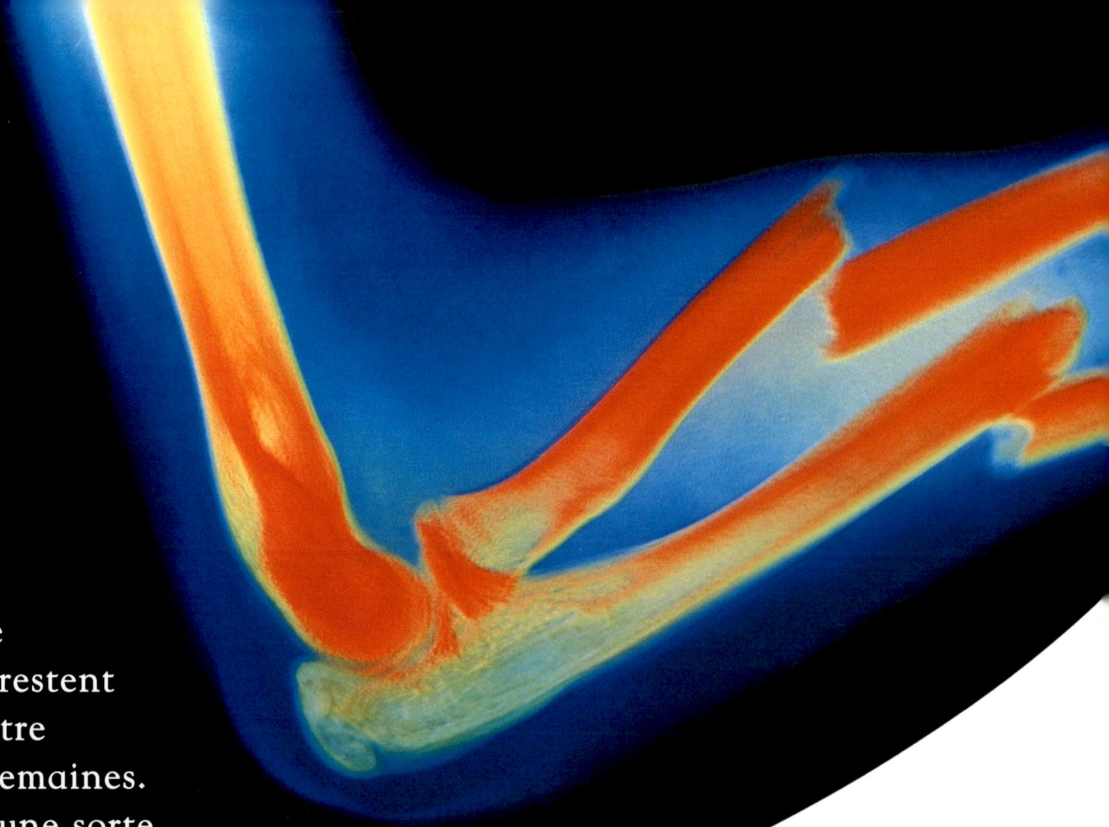

▶ Sur cette radiographie, les deux os de l'avant-bras sont cassés, et, en plus, les morceaux se sont déplacés. Il faut les remettre en place.

On ne bouge plus !

Pour qu'un os cassé guérisse, il faut que les deux morceaux restent l'un en face de l'autre pendant plusieurs semaines. On met un plâtre (une sorte de bandage dur) autour du bras ou de la jambe, pour empêcher tout mouvement.

Caillot de sang

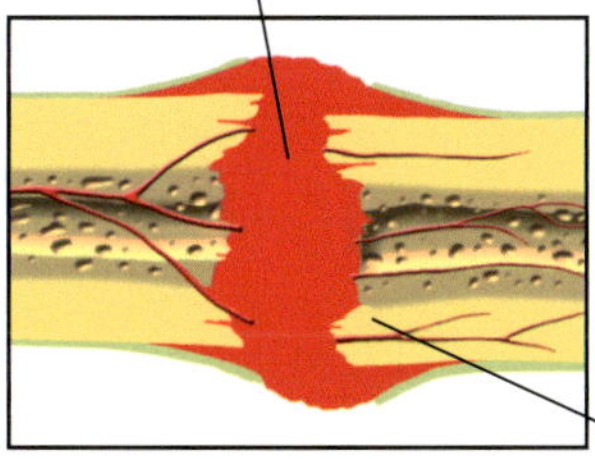

◀ Un os cassé guérit en plusieurs étapes. En premier, il se forme un caillot de sang.

Os cassé

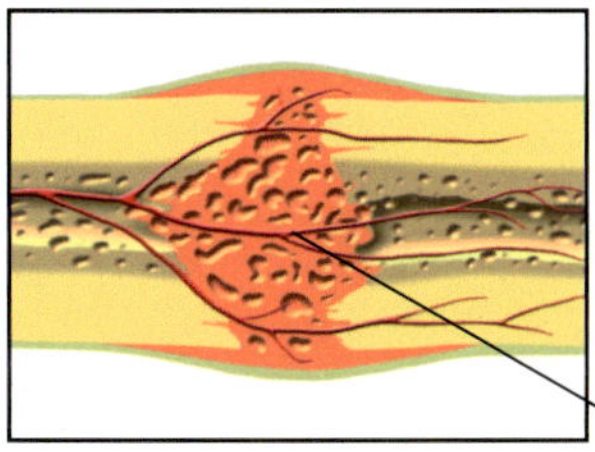

◀ Les semaines suivantes, un nouveau tissu osseux remplit le trou.

Nouveau vaisseau sanguin

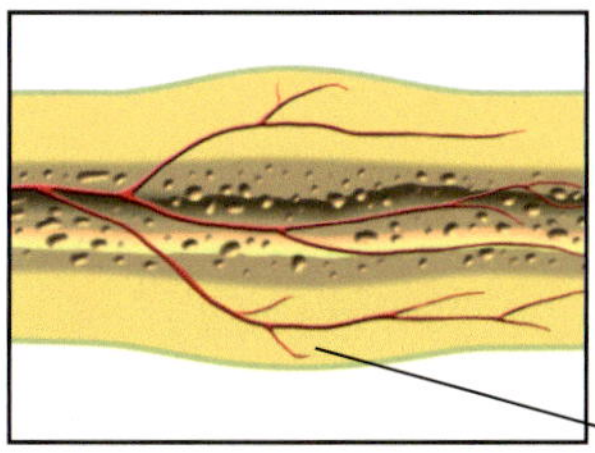

◀ Plus tard, l'os est complètement guéri et aussi dur qu'avant.

Nouveau tissu osseux

▶ Un bandage dur (en plâtre ou en résine) va maintenir les os cassés en bonne position.

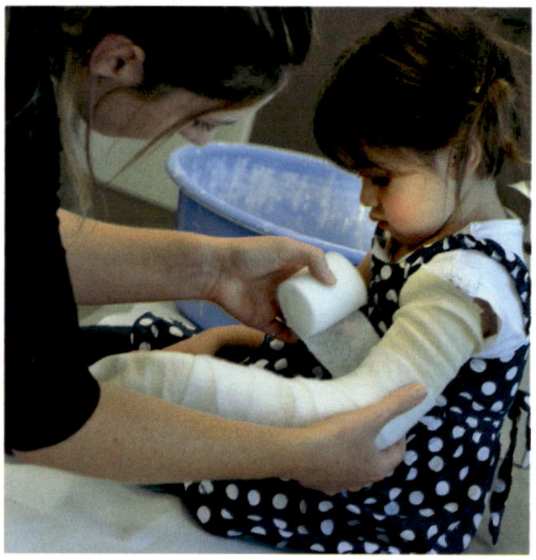

Autoréparation

Les deux morceaux cassés produisent des millions de cellules osseuses, qui fabriquent un nouveau tissu osseux. À la fin, les deux morceaux se rencontrent et se recollent. Il faut plusieurs semaines pour qu'un os guérisse, parfois plusieurs mois. Quand la radiographie montre que l'os est réparé, on retire le plâtre.

▲ Ces petits Chinois restent en forme en faisant de l'exercice. La gymnastique donne de la force et de la souplesse.

Vive le sport !

Si tu veux rester en forme, il faut faire de l'exercice régulièrement toute ta vie. Que ce soit du football ou de la danse, l'exercice renforce les muscles et les os. Il peut empêcher l'obésité. Et, surtout, il procure de grands plaisirs.

Il faut s'en servir

Plus tu utilises un muscle, plus il devient fort. Le mieux est de faire travailler beaucoup de muscles en même temps, par exemple avec la natation, le cyclisme ou la course.

Le carburant du corps

Pour que ton corps fonctionne bien, donne-lui une nourriture saine et variée (un peu de tout). N'oublie pas les fruits et les légumes, qui fournissent les vitamines et les minéraux.

◀ ▶ Le sport peut être très amusant. Mais certains en font un métier. Pour parvenir au niveau mondial, il faut s'entraîner des années et des années, et rester dans une forme physique excellente.

◀ La natation est un bon sport pour le cœur, les poumons et les muscles.

La sécurité aussi

Pour faire du sport, un équipement de protection adapté est nécessaire. Cela permet d'éviter les accidents et les blessures. Pour beaucoup de sports il faut porter un casque qui doit être bien ajusté à ta tête.

flash infos

- Grâce à un régime équilibré et un exercice régulier tu vivras longtemps.
- Pendant l'exercice, des substances dans le cerveau nous procurent une sensation de bien-être.
- Pour être en forme, il faut une demi-heure d'exercice 2 jours par semaine.

▲ Pour certains sports, tu as besoin d'une bonne protection, comme des genouillères ou un casque.

► Les étirements pendant l'échauffement peuvent éviter les blessures.

L'échauffement

Apprendre à s'échauffer avant le sport évite les blessures des muscles et des articulations. Cela veut dire faire des étirements, des mouvements d'assouplissement et un exercice modéré.

CHAPITRE 4

L'histoire d'une vie

La naissance
la croissance
et l'âge adulte

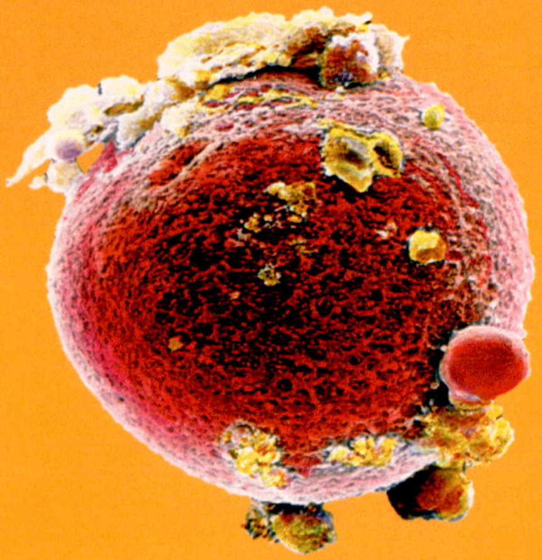

▲ Chaque être humain se développe à partir d'un « œuf » comme celui-ci, vu au microscope. C'est une cellule plus petite qu'un point.

▼ Ce bébé est accueilli par sa famille. Quand il sera grand, il aura peut-être aussi des enfants.

Tous la même vie

Comme les autres hommes ou femmes de la planète, tu vas subir beaucoup de changements durant ta vie. Ils font partie du cycle de la vie humaine, qui commence à la naissance et se termine avec la mort. Un nouveau bébé marque le début d'un nouveau cycle de vie.

Le cercle de famille

Pour créer une nouvelle génération d'enfants, les hommes et les femmes se reproduisent. Dans l'ensemble du monde, plus de 14000 bébés naissent chaque heure, soit 4 par seconde ! La plupart survivront jusqu'à l'âge adulte et deviendront eux-mêmes des parents.

▲ Peu de temps après sa naissance, ce bébé zèbre tient déjà sur ses pattes et se débrouille tout seul.

flash infos

- Jeanne Calment, morte en 1997 à 122 ans, était la personne la plus vieille du monde.
- Presque 1/3 des habitants de la Terre sont des jeunes de moins de 15 ans.
- La population du monde augmente de 140 personnes par minute.

Des enfants fragiles

Contrairement aux petits de beaucoup d'animaux, les bébés humains sont incapables de survivre seuls. Il faut toutes les années de l'enfance et de l'adolescence pour acquérir les connaissances et la force nécessaires. Ce sont les parents qui donnent aide et soutien aux enfants.

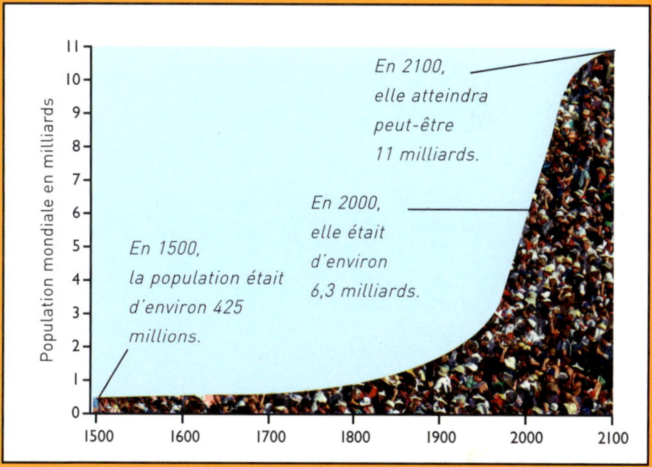

▲ Il y a plus de 6 milliards d'habitants sur notre planète. En 2100, on en prévoit 11 milliards.

Autre époque, autre vie

Il y a cent ans, beaucoup d'enfants mouraient avant l'âge de cinq ans. De nos jours, la plupart des enfants arrivent à l'âge adulte, grâce à une bonne hygiène, une bonne alimentation et une bonne santé. Dans les pays riches, un bébé peut espérer vivre environ quatre-vingts ans.

◀ Attaché sur le dos de son père, ce bébé est à l'abri du danger. Il lui faudra plusieurs années pour être capable de se débrouiller tout seul.

Les organes masculins

Pour faire un enfant, un homme doit fabriquer des cellules spéciales, les spermatozoïdes. L'un d'eux devra ensuite fusionner avec l'ovule d'une femme (page 96). Pour cela, l'homme a des organes reproducteurs (ou sexuels) : les deux testicules et le pénis.

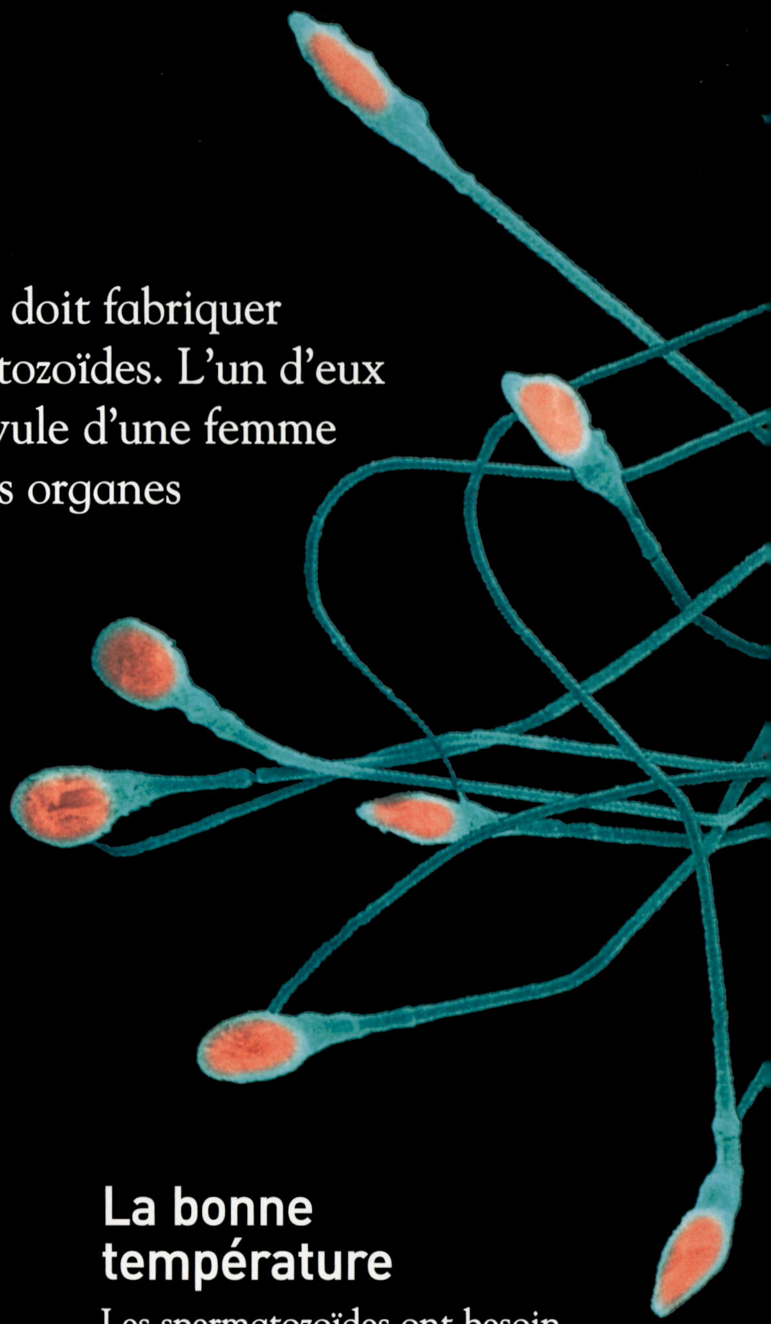

La fabrication

Les testicules sont deux organes ovales qui produisent chaque jour environ 300 millions de spermatozoïdes, dans un liquide appelé sperme. La prostate est une glande qui ajoute au sperme un liquide énergétique, nécessaire au voyage vers l'ovule.

La bonne température

Les spermatozoïdes ont besoin d'une température d'environ 34 °C, soit 3 °C de moins que le reste du corps. C'est pourquoi ils sont à l'extérieur du ventre, suspendus dans une poche, le scrotum (ou bourses).

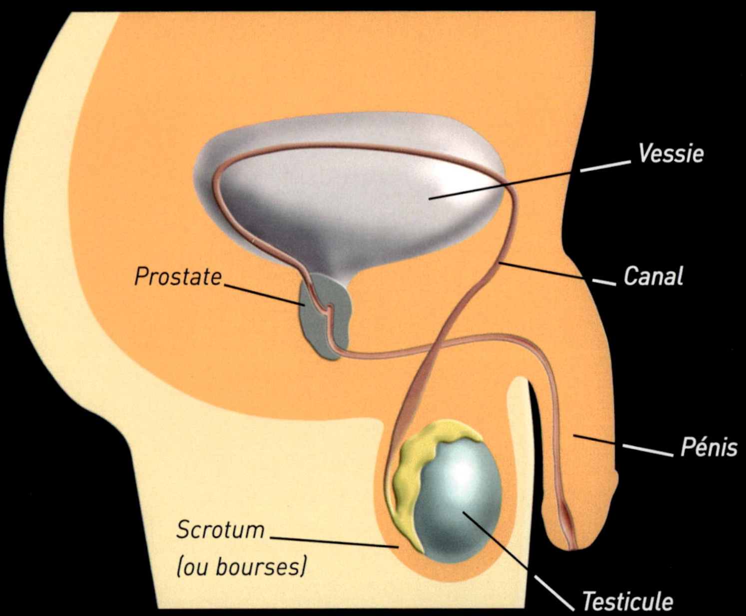

◀ Les spermatozoïdes entrent dans le bas-ventre par un canal et ressortent par le pénis. Les organes sexuels commencent à fonctionner à l'adolescence.

▼ Ces spermatozoïdes vus au microscope ont une queue en forme de fouet dont ils se servent pour nager dans le sperme, vers l'ovule.

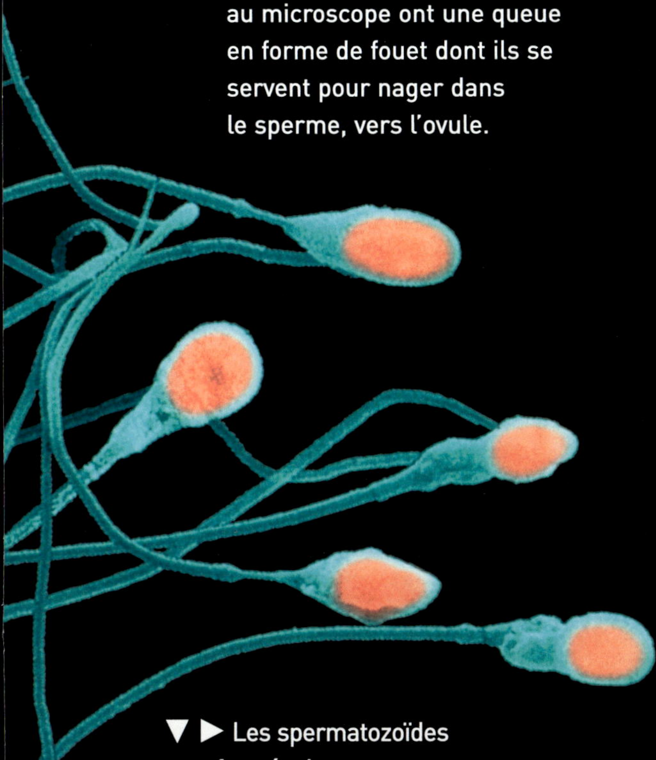

flash infos

- Si les tubes en spirale du testicule étaient étirés, ils pourraient faire le tour d'une piste de course de 400 m.
- Le spermatozoïde (et non pas l'ovule de la femme) porte l'information indiquant si le bébé sera un garçon ou une fille.

Les hormones masculines

Les organes génitaux masculins sont contrôlés par des messagers chimiques, les hormones. L'une d'elles, la testostérone, contrôle l'apparence masculine : elle fait la voix plus grave et développe les muscles et les poils sur le corps et le visage.

▼ ▶ Les spermatozoïdes sont formés dans des tubes (ci-dessous) enroulés en spirale.

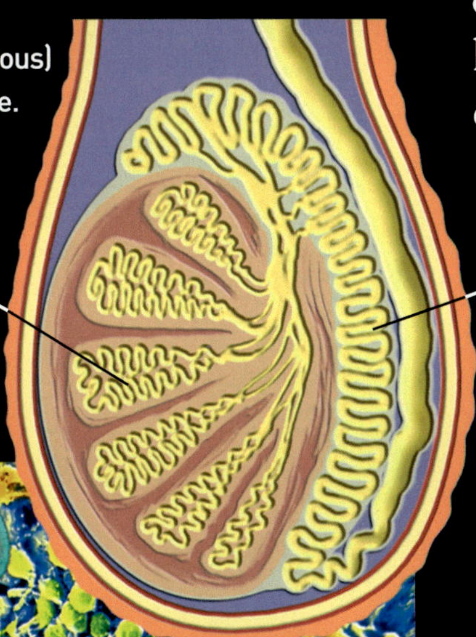

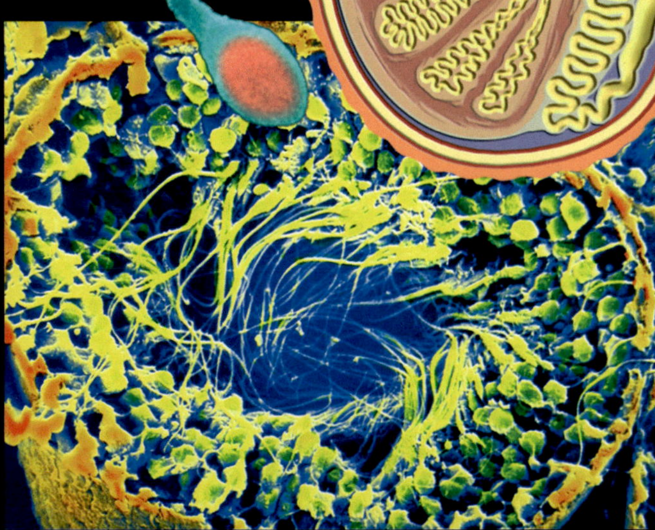

▶ C'est la testostérone, produite aussi par les testicules, qui fait pousser la barbe.

Les organes féminins

Les organes reproducteurs de la femme sont : les deux ovaires, les deux trompes de Fallope, l'utérus et le vagin. Ils lui permettent d'être enceinte et de donner naissance à un bébé.

Les ovaires

Il y a deux ovaires, qui ont la taille et la forme d'une grosse amande et sont remplis de milliers de cellules microscopiques appelées ovules. Tous les mois, un ovule mûrit et est expulsé de l'ovaire. Il descend alors l'une des trompes de Fallope, vers l'utérus.

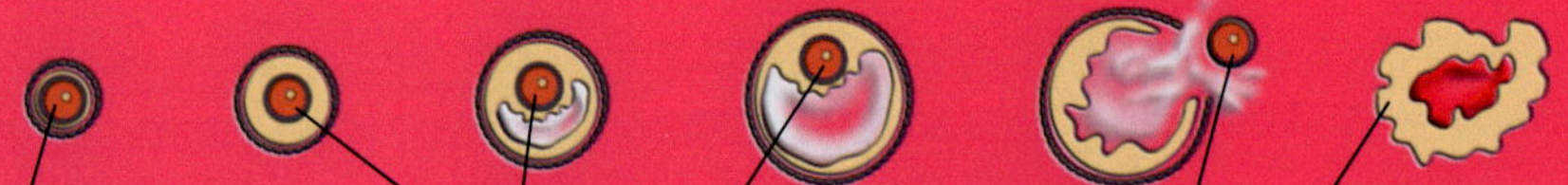

◀ Un ovule grossit dans un sac, le follicule, à l'intérieur de l'ovaire. Quand il est mûr, il est expulsé : c'est ce qu'on appelle l'ovulation. Cela arrive en moyenne tous les vingt-huit jours.

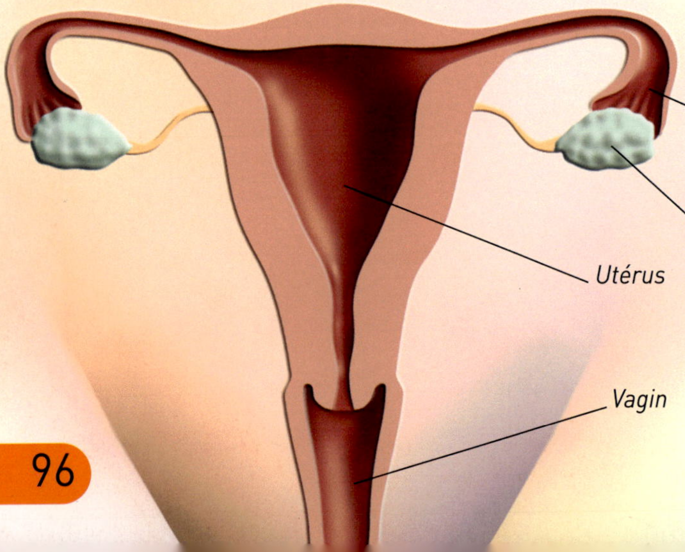

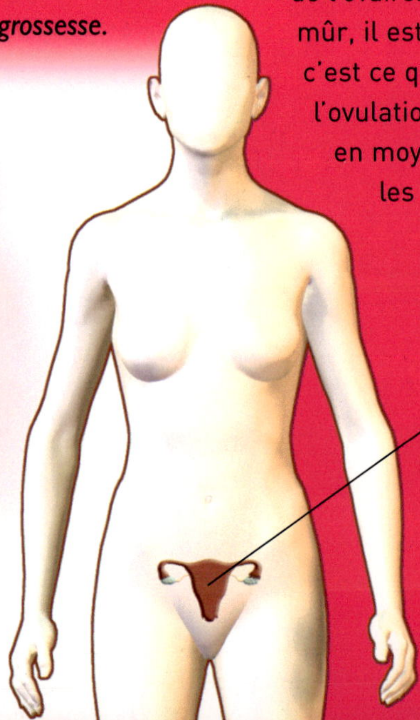

▲ Un ovule (en rose) jaillit d'un ovaire. Il va tomber dans une trompe et sera peut-être fécondé par un spermatozoïde.

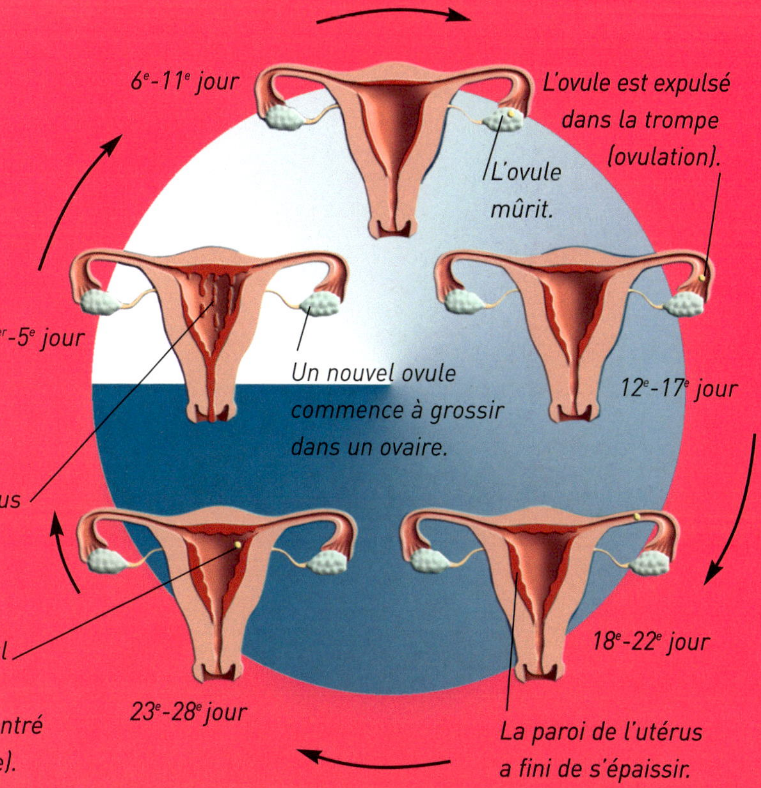

▶ Chaque mois, un ovule commence à grossir dans l'un des ovaires. Après deux semaines, l'ovule mûr est relâché dans la trompe de Fallope. S'il ne rencontre pas de spermatozoïde, il meurt, et un nouveau cycle commence.

▲ Les filles ont leurs premières règles (ou menstruations) entre douze et quatorze ans. Cela continuera jusque vers l'âge de cinquante ans.

Les règles

Chaque mois, s'il n'y a pas de grossesse, la paroi de l'utérus se détache et tombe par le vagin en entraînant l'ovule. Cela forme un écoulement sanguin appelé règles. Environ cinq jours après, la paroi de l'utérus recommence à s'épaissir.

Pour se préparer

Pendant que l'ovule mûrit, la paroi de l'utérus s'épaissit et s'enrichit en vaisseaux sanguins. Elle se prépare pour une grossesse, au cas où l'ovule rencontrerait un spermatozoïde.

flash infos

- Quand une fille naît, ses ovaires contiennent entre 1 et 2 millions d'ovules.
- Plus de 400 ovules sont expulsés dans la vie d'une femme adulte.
- Vers l'âge de 50 ans, les ovulations s'arrêtent : c'est la ménopause.

La fécondation

Toute vie humaine commence par la fécondation : un spermatozoïde s'unit à un ovule. Pour cela, l'homme met son pénis dans le vagin de la femme. Il émet des millions de spermatozoïdes, qui nagent vers l'ovule. Si l'un d'eux entre dans l'ovule, la fécondation commence.

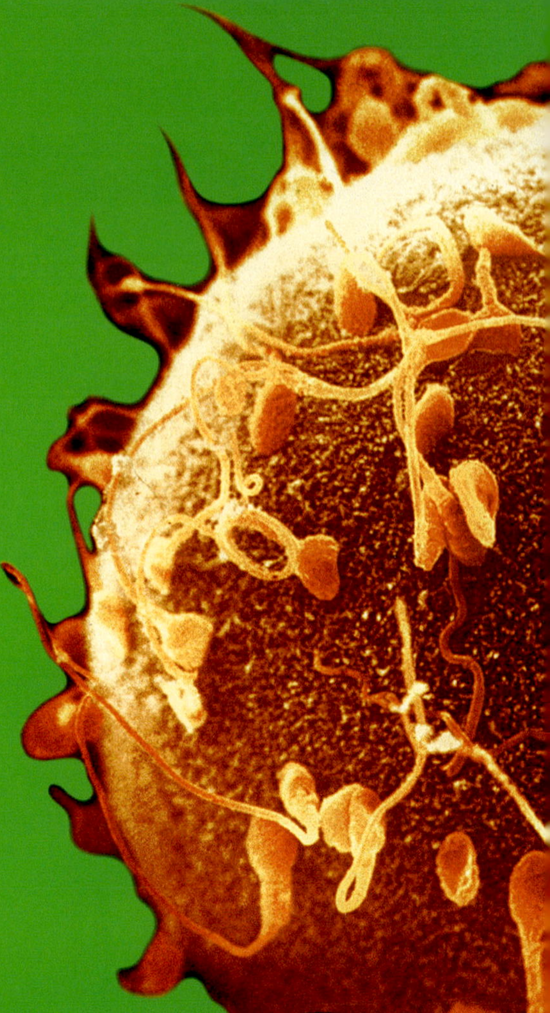

Un long trajet

Pour atteindre l'ovule, les spermatozoïdes doivent remonter l'utérus et les trompes de Fallope – un trajet plusieurs milliers de fois plus grand qu'eux. Sur plusieurs millions, quelques-uns seulement atteindront l'ovule, et un seul le fécondera.

Multiplication

L'œuf est l'union de l'ovule et du spermatozoïde. Pendant qu'il descend la trompe de Fallope, il se divise en deux cellules, qui se divisent à leur tour. Au bout de trois jours, l'œuf a seize cellules environ et arrive dans l'utérus.

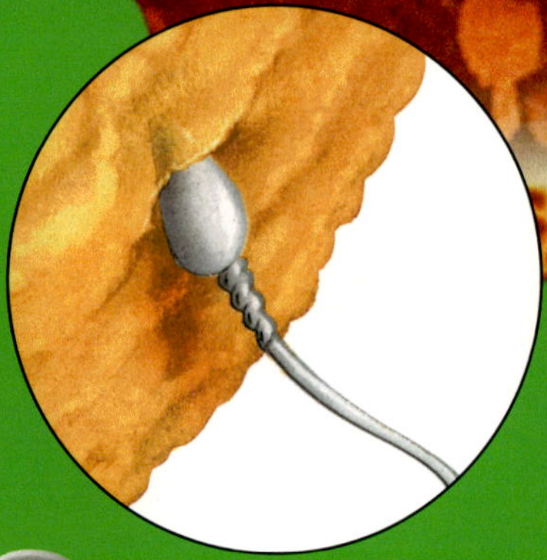

► Ce spermatozoïde a percé la surface de l'ovule. Il va perdre sa queue et se mélanger avec le noyau que l'on trouve au centre de l'ovule.

► Voici un œuf fécondé âgé de six jours, vu au microscope.

flash infos

- Le voyage du spermatozoïde vers l'ovule prend plusieurs heures.
- Les spermatozoïdes ne survivent que quelques jours.

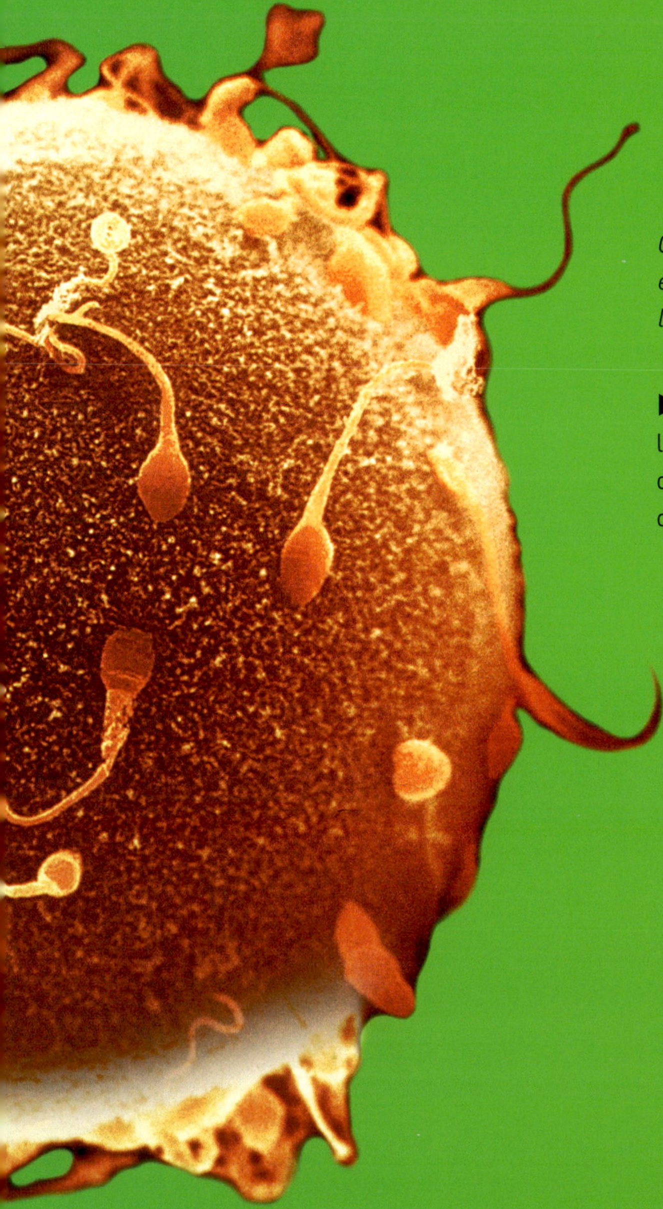

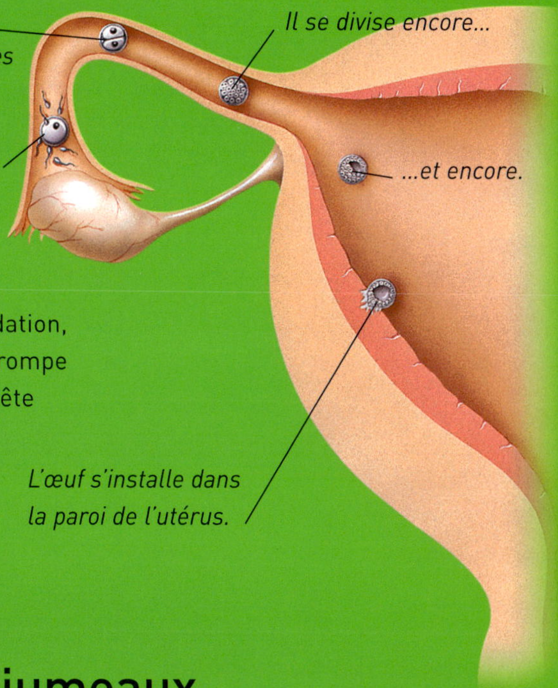

▶ Après la fécondation, l'œuf descend la trompe de Fallope et s'arrête dans l'utérus.

Les jumeaux

Lorsque deux ovules sont libérés et fécondés chacun par un spermatozoïde, cela donne deux faux jumeaux.
Si c'est un seul ovule fécondé par un seul spermatozoïde qui se divise en deux parties, on verra naître deux vrais jumeaux, identiques.

▲ L'ovule émet un signal chimique pour attirer les spermatozoïdes. Il est entouré par plusieurs centaines d'entre eux (un seul pourra y entrer).

▶ Les vrais jumeaux naissent quand un seul œuf fécondé se divise en deux parties.

La fin du voyage

Six ou sept jours après la fécondation, l'œuf contient déjà environ cent cellules. Il s'accroche à la paroi de l'utérus, et les cellules à l'intérieur se transforment en embryon (le futur bébé) : c'est le début de la grossesse.

La grossesse

Pendant les trois premiers mois de la grossesse, on appelle embryon le nouvel être minuscule qui croît dans le ventre de sa mère. Il va subir des transformations spectaculaires, grossir des centaines de fois. Bientôt, son cœur commence à battre. Après trois mois, il a un visage et peut remuer les bras et les jambes.

▶ Voici le futur bébé dans l'utérus (le ventre) de sa mère. Il baigne dans un sac rempli d'un liquide appelé liquide amniotique (ou poche des eaux), qui le protège des chocs.

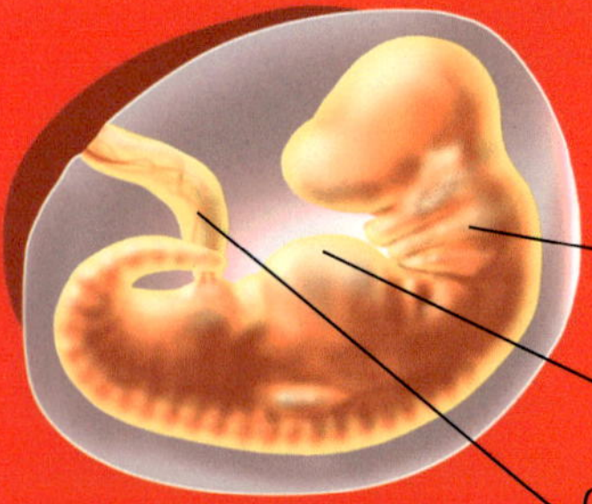

▲ À l'âge d'un mois, l'embryon a la taille d'un pois.

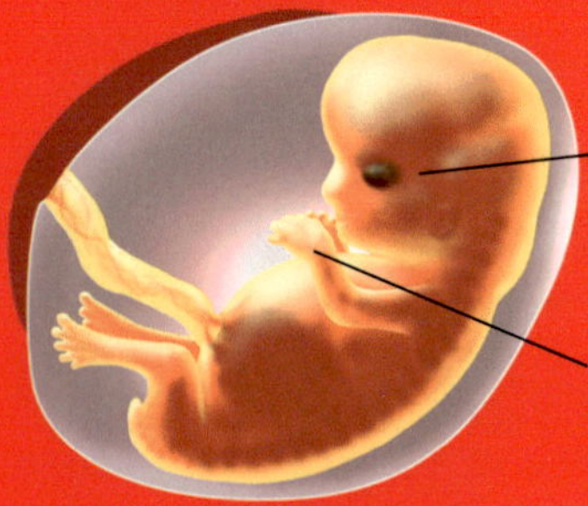

▲ Vers deux mois, l'embryon a la taille d'une fraise.

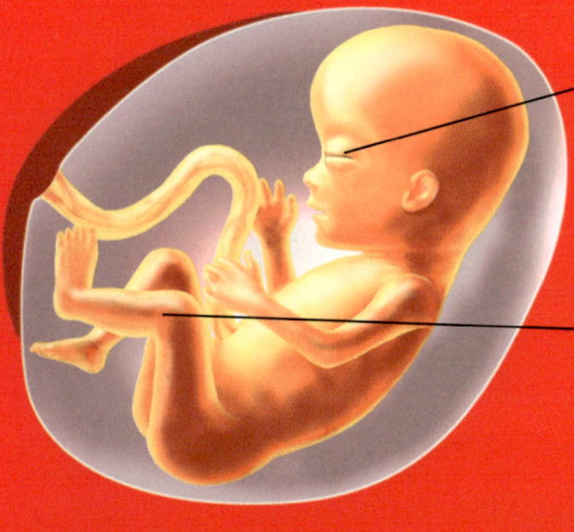

▲ À trois mois, le fœtus a à peu près la taille d'un citron.

Un mois

Un mois après la fécondation, l'embryon n'a pas encore l'air très humain. Il a une queue et ressemble à un têtard. Les organes comme le cœur commencent à apparaître, les bras et les jambes ne sont pas encore développés.

Deux mois

L'embryon a maintenant un visage, avec des yeux (qu'il ne peut pas encore ouvrir), une bouche avec une langue. Les doigts et les orteils sont formés. À l'intérieur, les organes grandissent rapidement.

Trois mois

On l'appelle maintenant fœtus. Les organes et les membres sont en place. La tête est encore grosse par rapport au corps, mais on reconnaît un bébé. On peut distinguer si c'est un garçon ou une fille.

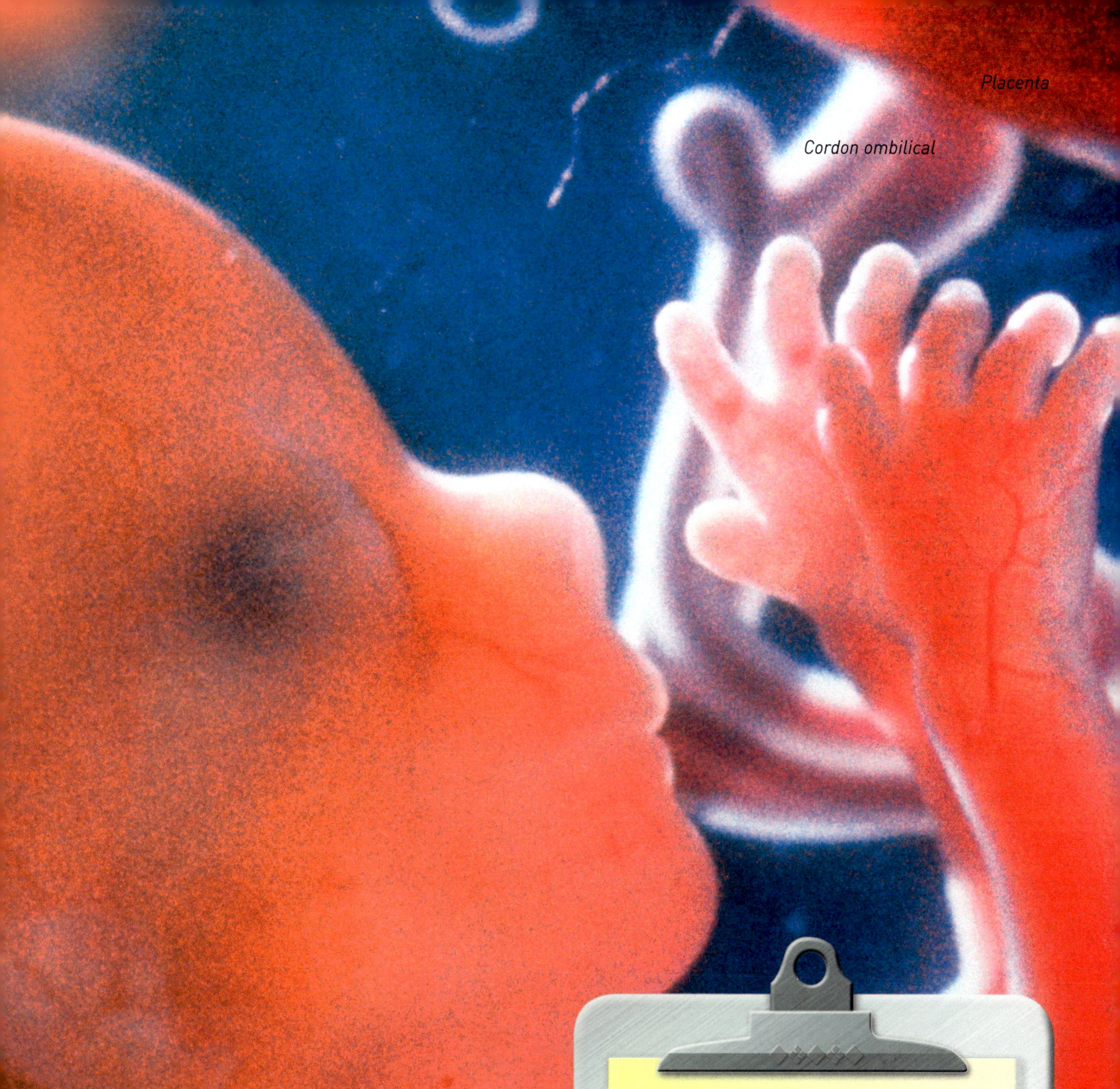

Placenta et cordon ombilical

Le fœtus a besoin de la nourriture et de l'oxygène que lui procure le placenta. C'est un grand disque spongieux, qui apparaît dans l'utérus pendant la grossesse. Le cordon ombilical relie le ventre du fœtus au placenta. On coupera le cordon après la naissance. Il restera une cicatrice, le nombril.

flash infos

- La grossesse est divisée en 3 étapes de 3 mois chacune.
- De 3 mois jusqu'à la naissance, le futur bébé est appelé fœtus.
- Le cordon ombilical peut grandir jusqu'à 50 cm.

▲ Après quatre mois de grossesse environ, la mère commence à sentir le bébé bouger dans son ventre.

Un peu plus tard

Après trois mois de grossesse, le fœtus a tous ses organes, ses muscles et ses os. Mais il est encore très petit et incapable de survivre dans le monde extérieur. Pendant les six mois suivants, il doit multiplier son poids par cent, avant d'être prêt à naître.

Croissance et transformations

Un peu avant six mois, le fœtus mesure à peu près 20 cm. Les doigts ont des ongles, ainsi que des rayures qui deviendront les empreintes digitales. La peau est couverte de poils fins appelés *lanugo*, qui disparaîtront plus tard.

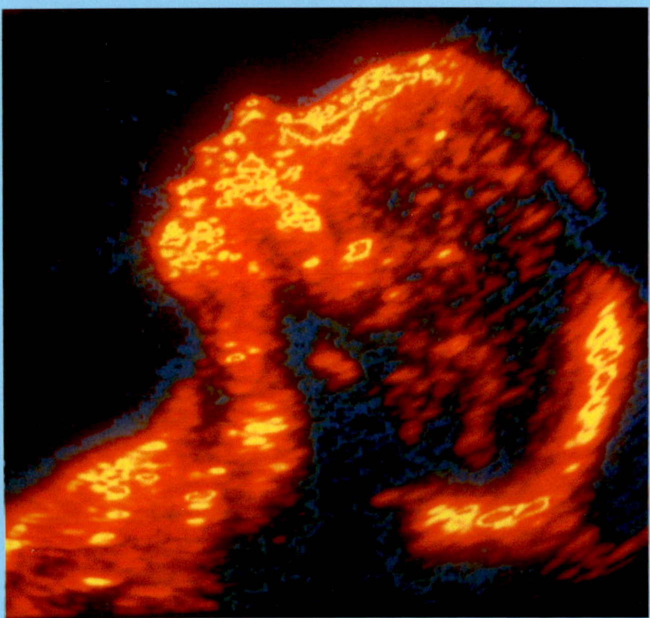

▲ Cette échographie montre la tête d'un fœtus de cinq mois. Il bouge quand sa mère parle ou quand elle touche son ventre.

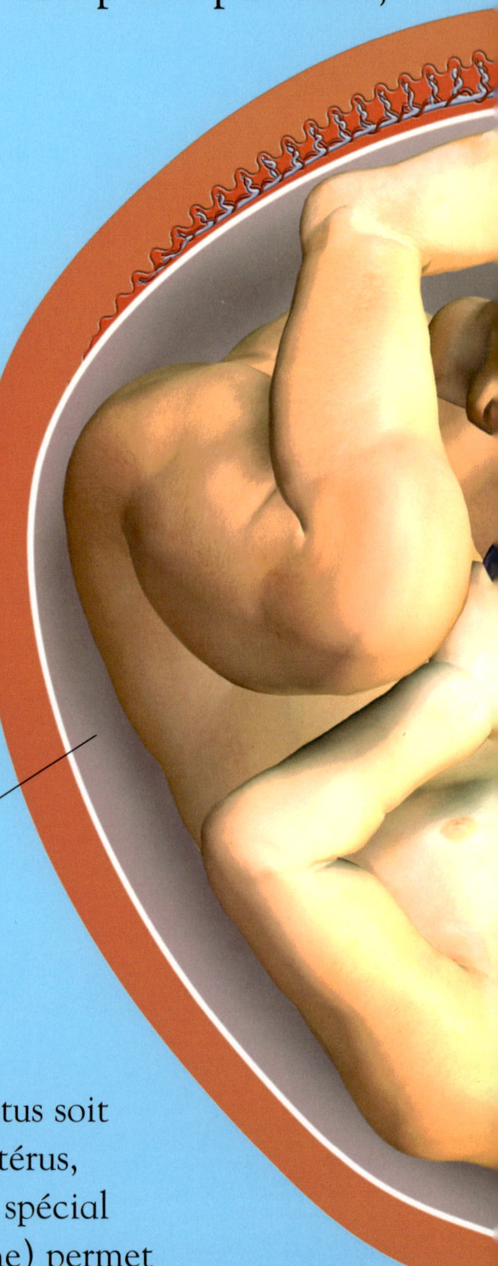

► Vers neuf mois, le bébé est prêt à naître. Il passera par le vagin pour sortir à l'extérieur.

On peut le voir !

Bien que le fœtus soit caché dans l'utérus, un instrument spécial (un échographe) permet au médecin de l'observer. L'intérêt est de le mesurer, de voir s'il n'est pas malade et s'il y a des jumeaux.

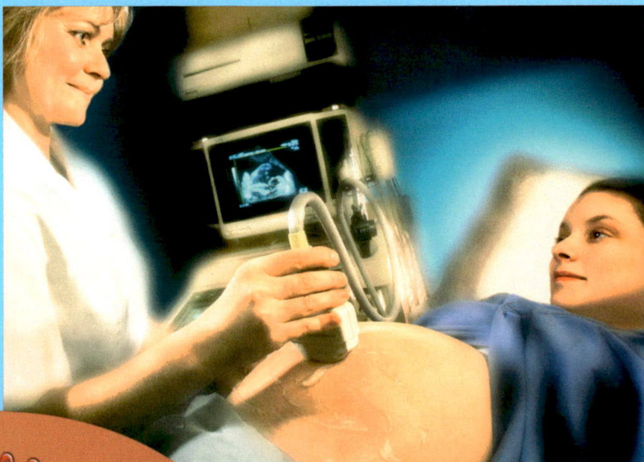

▲ L'échographie permet de voir le bébé à l'intérieur du ventre de la mère.

flash infos

- À la fin de la grossesse, il y a environ 1,5 litre de liquide amniotique autour du bébé.
- Les bébés nés après 6 mois de grossesse peuvent survivre grâce aux soins médicaux.
- Après 6 mois environ, le fœtus peut ouvrir les yeux et sucer son pouce.
- La femme enceinte a parfois des envies de manger inhabituelles.

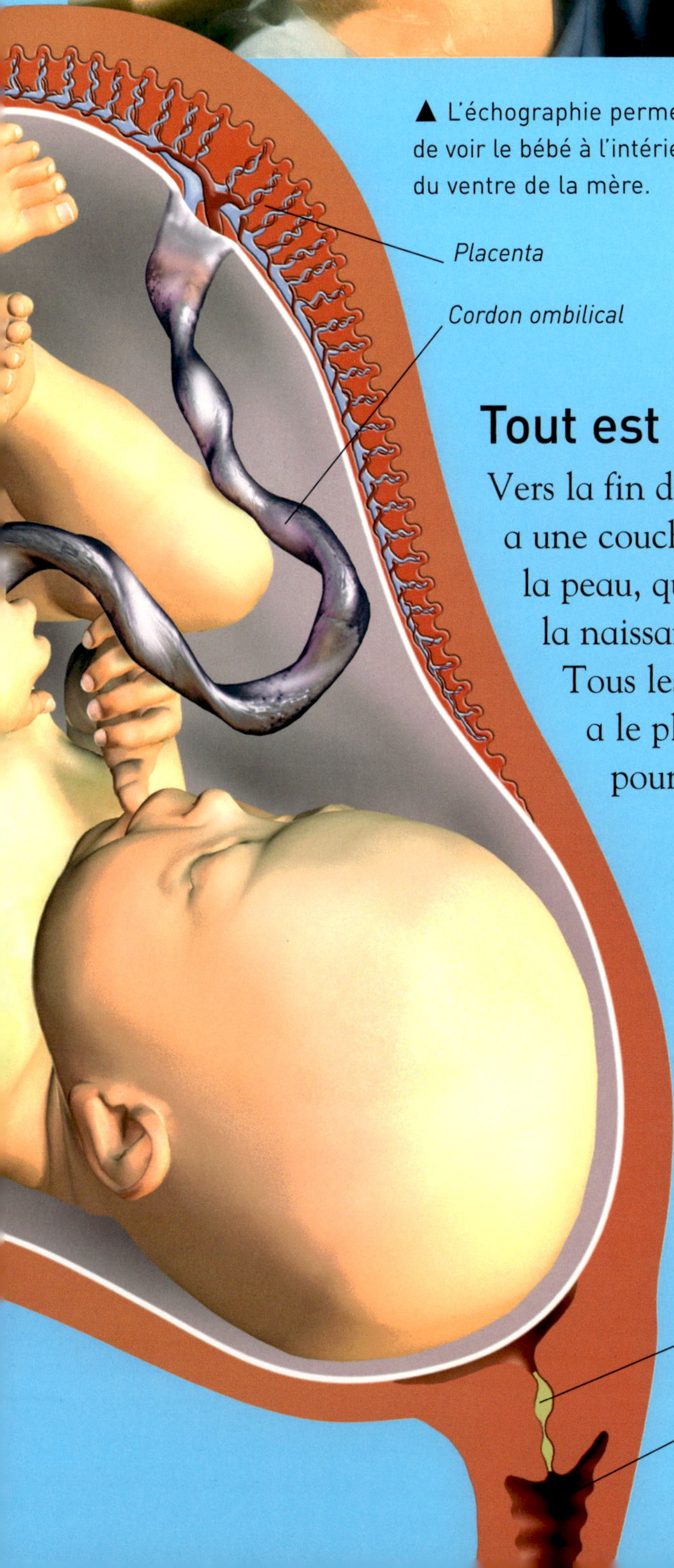

Tout est prêt

Vers la fin de la grossesse, le bébé a une couche de graisse spéciale sous la peau, qui le gardera au chaud après la naissance et lui fournira de l'énergie. Tous les organes sont prêts. Le bébé a le plus souvent la tête en bas pour sortir plus facilement.

▶ Quand le bébé grandit, l'utérus grandit aussi, et le ventre de la mère s'arrondit de plus en plus.

La naissance

Environ neuf mois après la fécondation, le bébé est prêt à naître. La mère sent de puissantes contractions de l'utérus (car l'utérus contient du tissu musculaire). C'est ce qu'on appelle le début du travail. La fin du travail est l'accouchement. Le bébé sort du ventre : il naît.

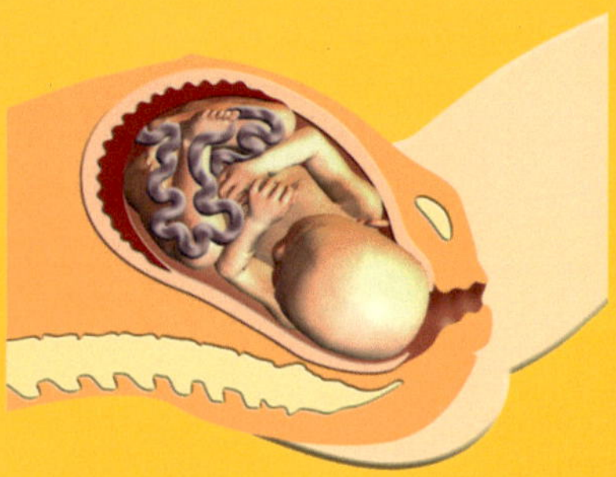

▲ Au début du travail, le bébé commence à descendre vers le vagin.

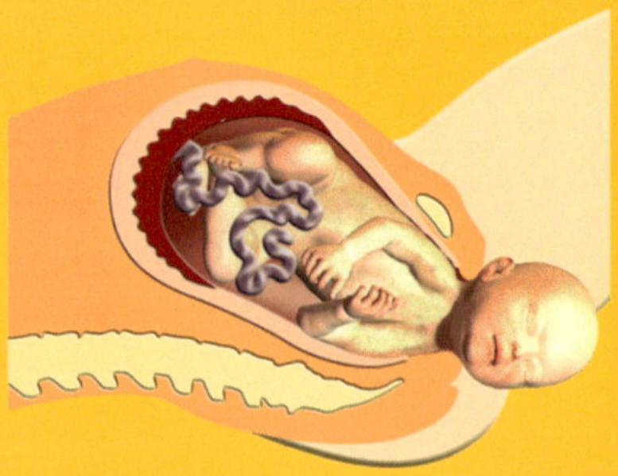

▲ À la fin, le bébé sort la tête, puis le reste du corps.

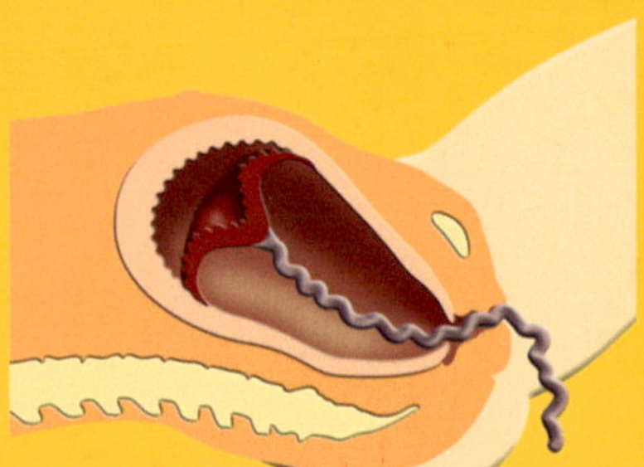

▲ Peu après la naissance, le placenta et le reste du cordon ombilical sont aussi expulsés.

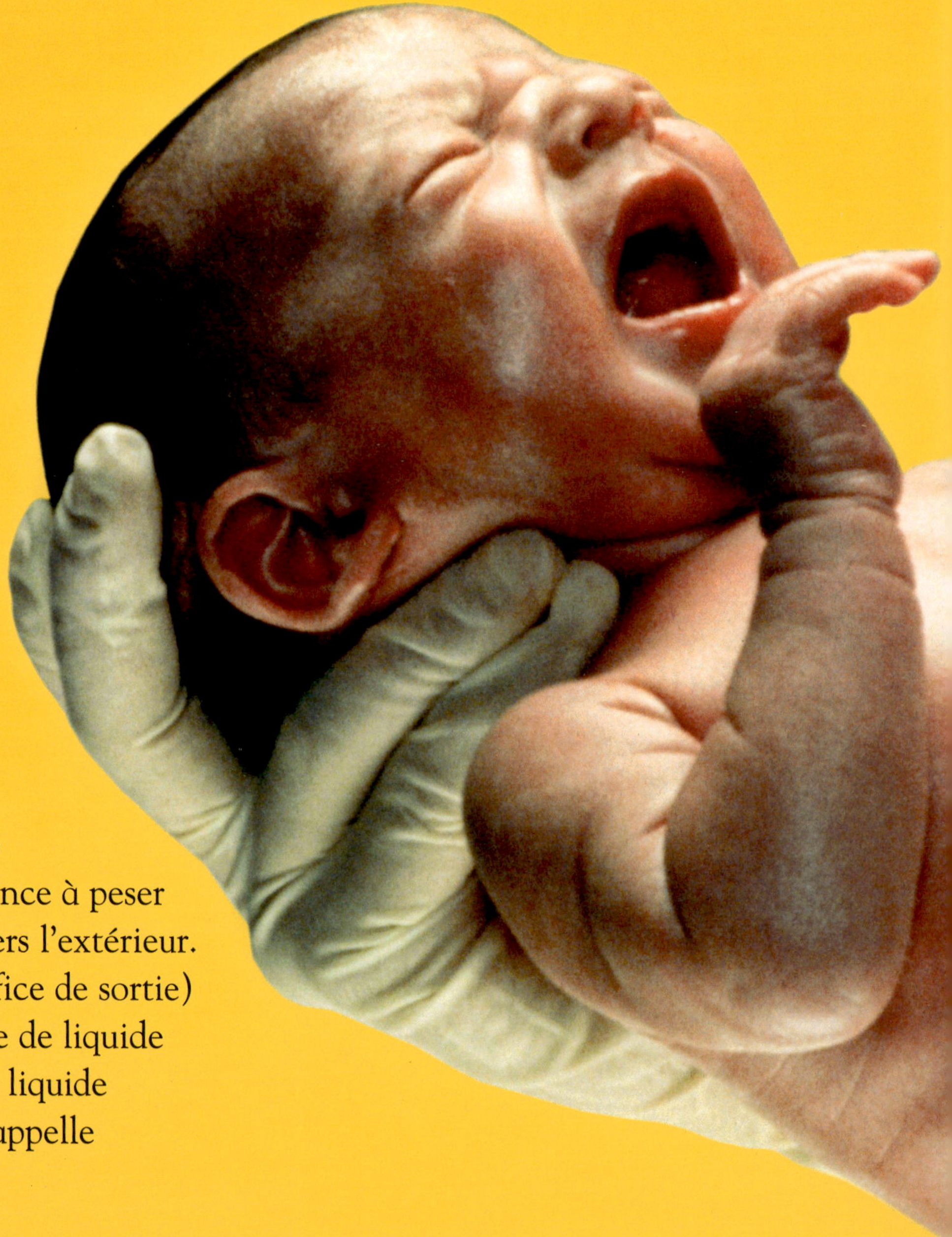

Au début du travail

Le muscle de l'utérus commence à peser sur le bébé pour le pousser vers l'extérieur. En même temps, le col (l'orifice de sortie) de l'utérus s'élargit. La poche de liquide autour du bébé se perce et le liquide amniotique s'écoule. Cela s'appelle « perdre les eaux ».

Bienvenue au monde

Pendant la deuxième partie du travail, le col est tellement large que le bébé peut descendre. La mère ressent de fortes envies de pousser avec les muscles du ventre (les contractions), ce qui permet au bébé de naître.

Après la naissance

L'utérus continue à se contracter, plus doucement. Il a encore une tâche à accomplir : expulser le placenta, devenu inutile. Le travail est alors complètement terminé.

flash infos

- Une spécialiste, la sage-femme, aide la future maman pendant le travail d'accouchement.
- Un nouveau-né pèse environ 3,5 kg et mesure 50 cm de la tête aux orteils.
- Parfois, le docteur doit ouvrir le ventre pour sortir le bébé : c'est une césarienne.

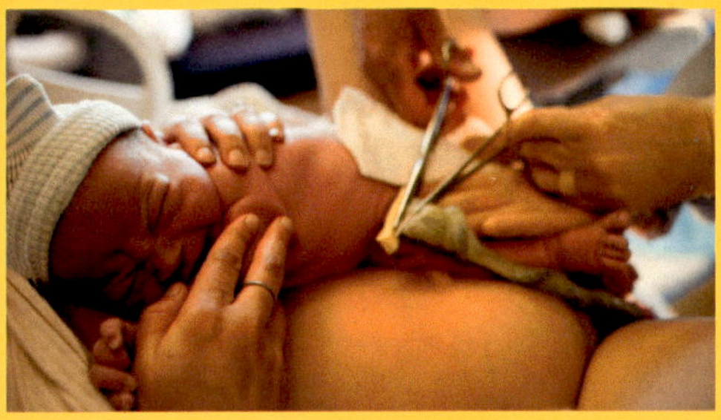

◀ Juste après la naissance, la sage-femme coupe le cordon ombilical.

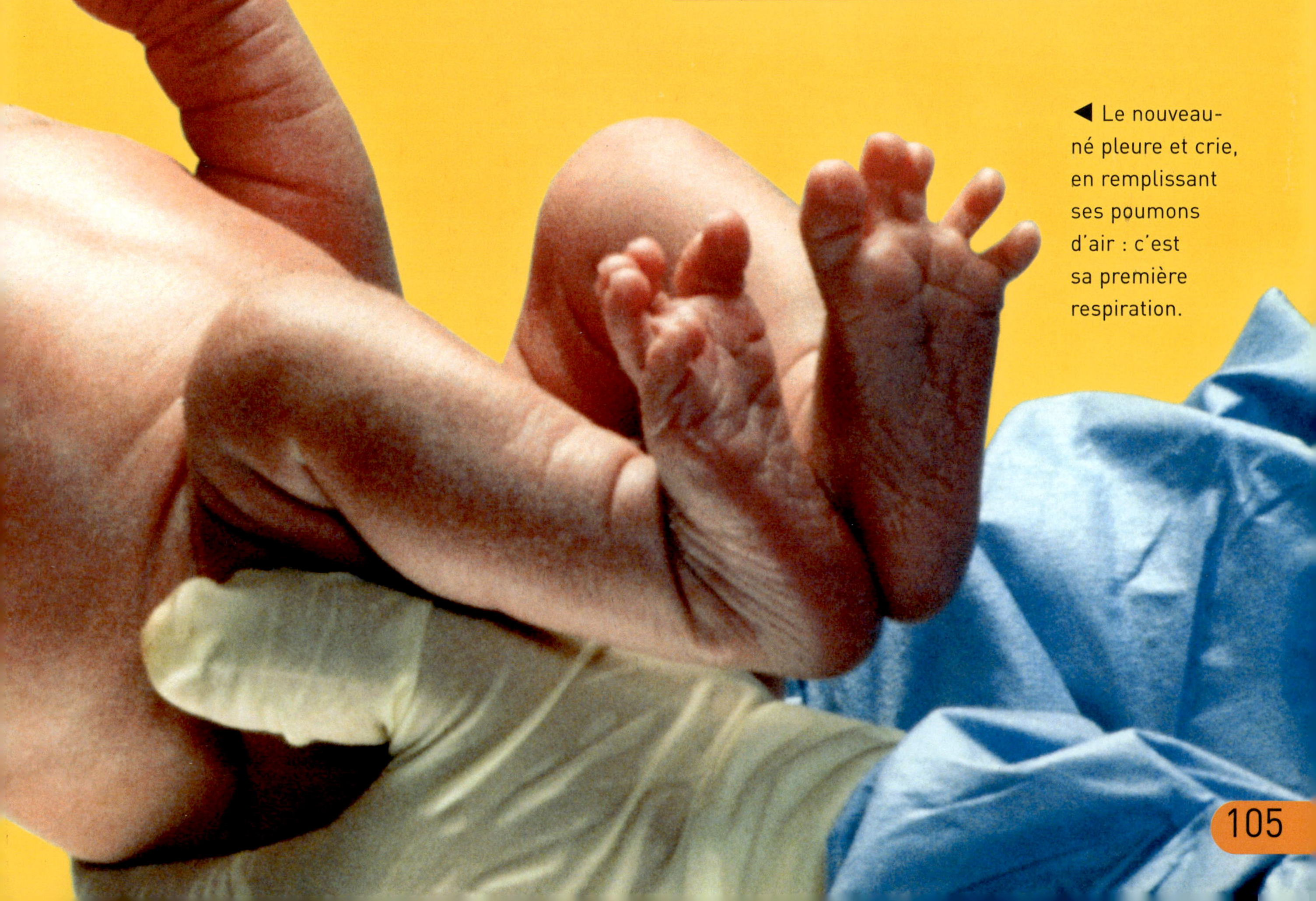

◀ Le nouveau-né pleure et crie, en remplissant ses poumons d'air : c'est sa première respiration.

Un héritage

Sais-tu pourquoi tu ressembles à tes parents ? C'est surtout grâce aux gènes – des instructions qui disent à ton corps comment il doit être. Les gènes sont présents dans le spermatozoïde du père et dans l'ovule de la mère, et passent chez l'enfant lors de la fécondation (page 98).

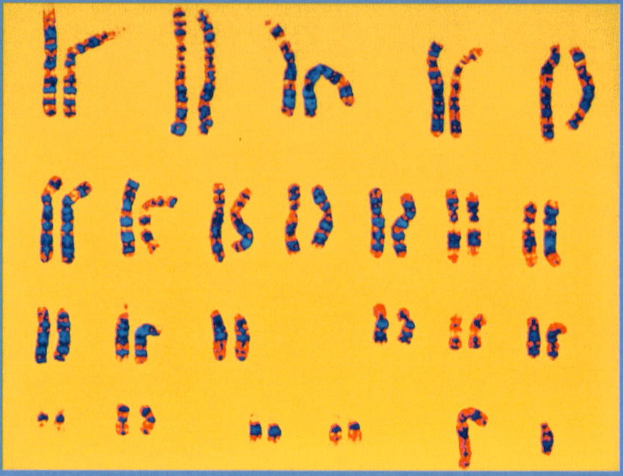

▲ ▼ Le noyau d'une cellule (voir pages 10 et 11) contient 46 chromosomes. Les gènes sont des informations situées à l'intérieur des chromosomes.

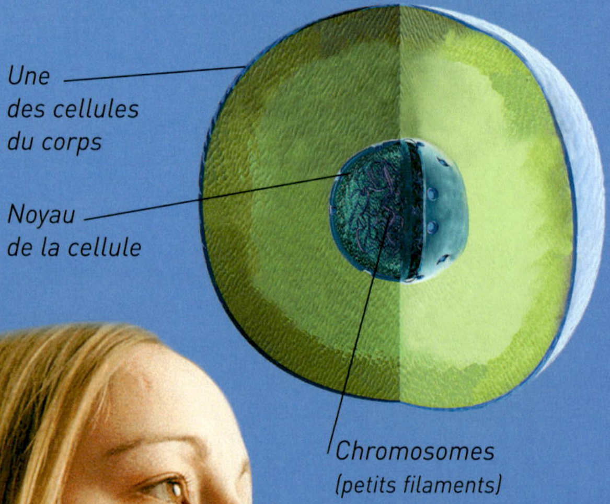

▼ Tu peux voir des ressemblances à travers les quatre générations de cette famille.

flash infos

- Un grand nombre de nos gènes sont les mêmes que ceux des singes !
- Il y a environ 25 000 paires de gènes dans le noyau de chaque cellule.

▲ Si le spermatozoïde qui féconde l'ovule porte un chromosome X, le bébé sera une fille.

Les chromosomes

Le corps est fait de milliards de briques microscopiques, les cellules. Chaque cellule a un centre de commande, le noyau, où se trouvent les gènes. Les gènes se trouvent dans des chromosomes.

Des cellules très spéciales

Toutes les cellules ont vingt-trois paires de chromosomes, soit quarante-six. Excepté les spermatozoïdes et les ovules, qui n'ont qu'un chromosome de chaque paire, soit vingt-trois en tout.

Une curieuse addition

Pendant la fécondation, les vingt-trois chromosomes du spermatozoïde et ceux de l'ovule se rassemblent. Le nouvel enfant retrouve donc les quarante-six chromosomes, la moitié des informations venant de son père et la moitié de sa mère.

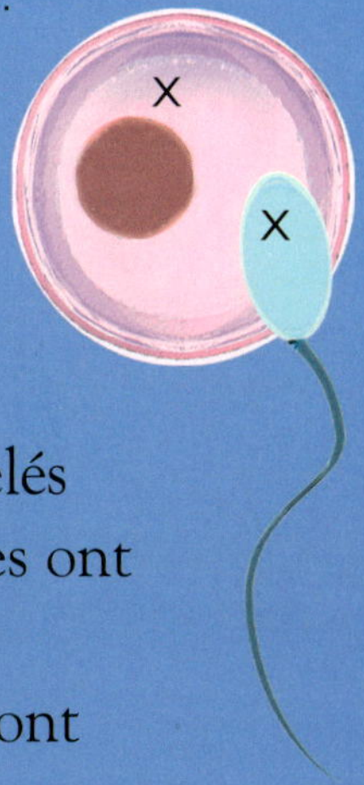

Les filles et les garçons

Deux chromosomes d'une des vingt-trois paires sont appelés chromosomes sexuels. Les filles ont deux fois le chromosome X dans cette paire. Les garçons ont un chromosome X et un Y. Le chromosome sexuel Y contient les instructions pour que le bébé soit un garçon.

▼ Si le spermatozoïde porte un chromosome Y, le bébé sera un garçon.

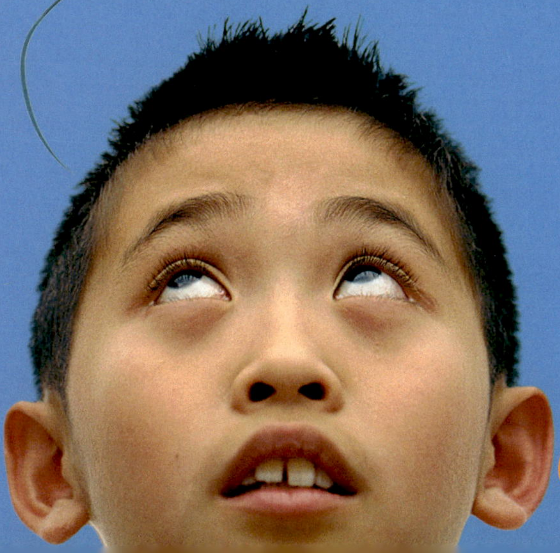

Semblables et différents

Regarde toutes les différences entre les gens – gros ou maigres, petits ou grands, blonds ou bruns. Nous sommes faits sur le même modèle, mais de minuscules différences dans nos gènes suffisent à faire de chacun de nous un être unique.

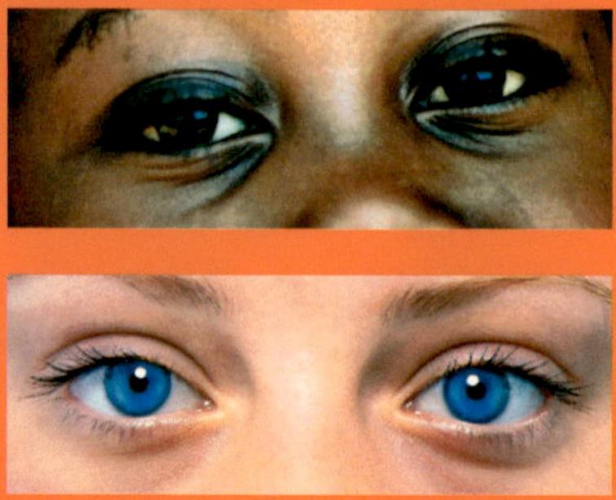

▲ Les gènes sont les seuls responsables de la couleur des yeux.

Plus que les gènes

La couleur des yeux et des cheveux est contrôlée par les gènes. Mais les gènes ne contrôlent pas tout. Si une personne a des gènes pour devenir grande, une maladie ou une mauvaise alimentation peuvent empêcher sa croissance.

Pas si différents

Si les groupes humains étaient restés isolés, ils formeraient peut-être des groupes très différents. Mais, pendant des milliers d'années, les migrations et les mariages ont mélangé les gènes et réduit les différences.

◀ Nous sommes tous différents. Pourtant, nous partageons presque exactement les mêmes gènes.

◀ Les Massaï du Kenya portent des vêtements très légers, adaptés à la chaleur de leur climat.

▶ Les Inuits (Esquimaux du Canada) se confectionnent des vêtements chauds pour pouvoir survivre à la rigueur du climat polaire.

Tu es ce que tu manges

L'exercice et une bonne alimentation peuvent changer l'apparence du corps. Ils renforcent les muscles et empêchent l'obésité. Le manque d'exercice et une alimentation fantaisiste ont l'effet inverse.

▲ Les muscles de ce nageur ne dépendent pas seulement des gènes, mais aussi de son entraînement physique.

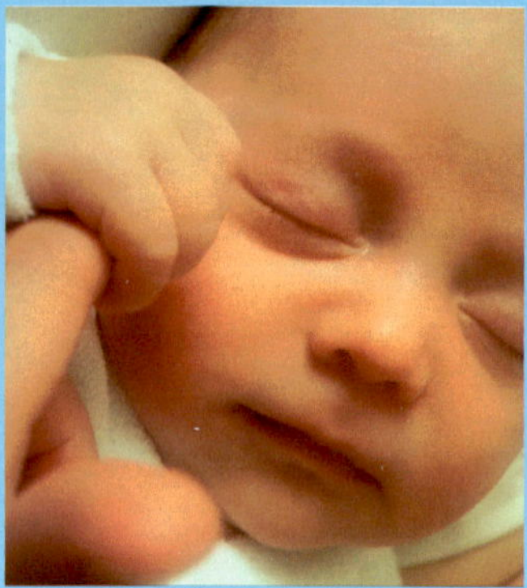

▲ Un nouveau-né est capable de serrer très fort le doigt d'un adulte.

La vie d'un bébé

Un nouveau-né sait tout de suite pleurer ! À la naissance, il est complètement dépendant des autres. Pleurer est sa seule manière d'attirer l'attention. Mais avant un an, il peut déjà jouer à des jeux simples, apprendre quelques mots et faire ses premiers pas.

Premiers gestes

Les muscles du bébé sont faibles ; il n'arrive pas à soulever sa tête. Lentement, le bébé apprend à se retourner et à rester assis sans tomber. Vers neuf mois, il peut marcher à quatre pattes et tenir debout tout seul.

▼ L'amour des parents est indispensable. Les contacts visuels et physiques aident le bébé à devenir un enfant confiant et heureux.

Lait magique

Le bébé est capable de téter le sein de sa mère ou un biberon dès la naissance. Les premiers mois, le lait maternel contient tout ce dont le bébé a besoin pour bien grandir et se défendre contre les microbes.

Premiers mots

Au début, le bébé apprend en imitant ses parents. Vers deux mois, il commence à sourire. À neuf mois, il peut babiller. À un an, il peut dire quelques mots simples.

▲ Après six mois, le bébé peut saisir et bouger les objets.

flash infos

- Le poids d'un bébé triple la première année.
- Chez les Maori, peuple de Nouvelle-Zélande, les gens ont l'habitude de masser les bébés.
- La première dent commence à sortir après 3 mois.

Un gros dormeur

Le nouveau-né a besoin de dormir environ seize heures par jour. Il se réveille toutes les quatre heures pour manger. À six mois, il peut dormir toute la nuit.

◀ À neuf mois, ce bébé a appris à marcher à quatre pattes.

▼ Vers un an, un bébé est prêt à marcher tout seul.

L'enfance

L'enfance commence la deuxième année de la vie et dure jusqu'à douze ans. Au cours de cette période, l'enfant devient plus habile dans ses mouvements. Il apprend à compter, puis à lire et à écrire. Pendant ce temps, son corps continue à grandir.

La croissance

Les différentes parties du corps ne grandissent pas à la même vitesse. La première année, la tête a l'air très grosse. Mais, dès l'âge de deux ans, le corps et les membres rattrapent leur retard. À cet âge, il y a une couche de graisse épaisse sous la peau. Elle donne à l'enfant un visage rond. Mais, vers cinq ans, cette couche disparaît, et les traits du visage s'affinent.

Ils apprennent vite !

Avant deux ans, l'enfant sait grouper des mots en phrases simples. À quatre ans, il sait tenir une conversation avec une autre personne et commence à se servir des mots pour exprimer ses sentiments. À partir de cinq ans, il peut apprendre à lire et à écrire.

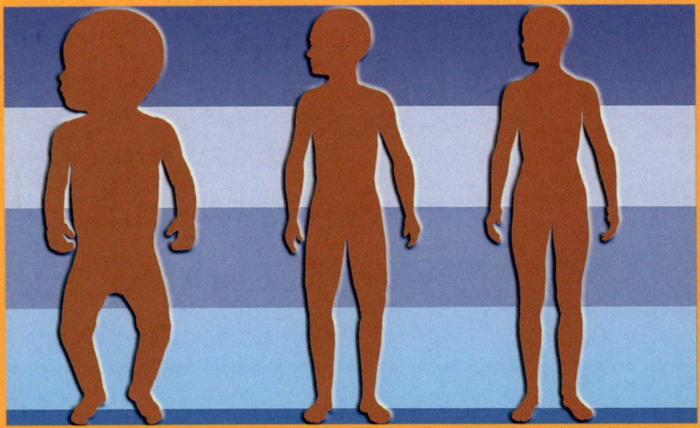

◀ À la naissance, la tête mesure le quart de la longueur du corps. Elle atteint ses proportions adultes – un septième du corps – vers 15 ans.

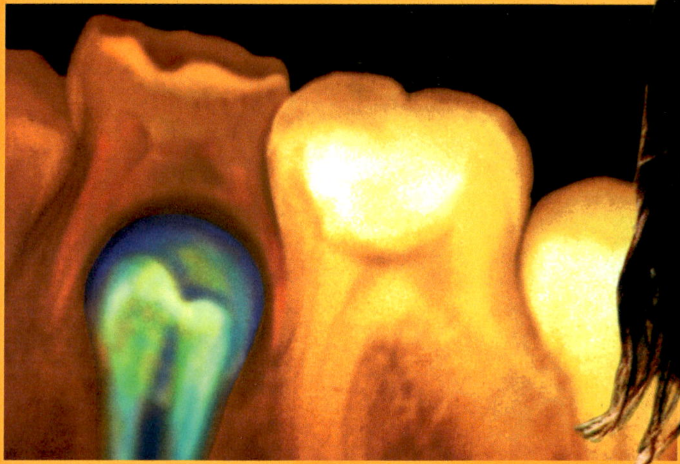

▲ Cette image montre une dent définitive (en vert), prête à faire tomber la dent de lait au-dessus. Les dents définitives remplacent les dents de lait entre six et quatorze ans.

Jeux sérieux

Jouer avec les autres enfants est très amusant. C'est aussi un moyen d'apprendre à communiquer avec les autres, à faire partie d'une équipe et à entraîner l'habileté et l'intelligence.

► Vers quatre ans, l'enfant commence à avoir des amis. Les jeux en commun lui permettent de découvrir le monde.

◄ L'enfant acquiert progressivement des connaissances et des gestes, dont certains lui seront utiles toute la vie.

flash infos

- À 2 ans, beaucoup d'enfants ont la moitié de leur taille adulte.
- Avant 3 ans, l'enfant peut dessiner et décrire des images.

▲ Les changements du corps à l'adolescence peuvent être source de préoccupations ou même d'inquiétude.

L'adolescence

Entre dix et quatorze ans, le corps des adolescents commence à changer : c'est la puberté. La croissance s'accélère. Le corps devient adulte : les organes reproducteurs masculins (page 94) ou féminins (page 96) commencent à fonctionner. On abandonne les sentiments et les comportements de l'enfance.

▼ À l'adolescence, il n'y a pas que le corps qui change : on devient aussi plus mûr et plus indépendant.

Devenir une femme

À partir de dix ou onze ans, la forme du corps commence à changer, en même temps que la taille augmente. La poitrine se développe, les hanches s'élargissent. À l'intérieur, les ovaires et l'utérus grossissent. Entre douze et quatorze ans environ, les premières règles arrivent.

▼À la puberté, les proportions du corps changent. Les filles deviennent plus rondes, les garçons plus musclés.

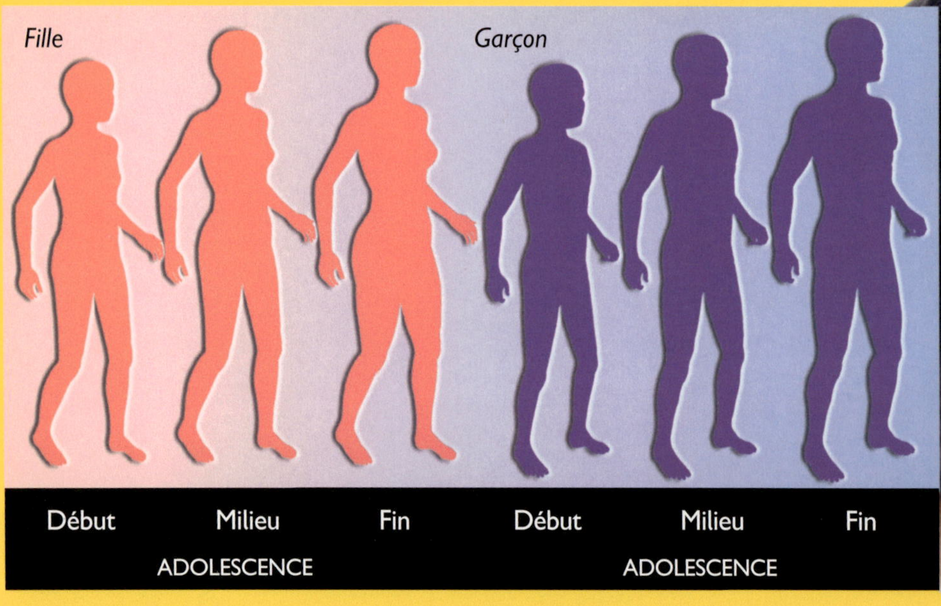

▲ Se raser le visage est l'un des nouveaux gestes que l'adolescent doit apprendre.

flash infos

- Pendant la puberté, la colonne vertébrale grandit plus que les jambes.
- La puberté se fait à un âge et à une vitesse qui sont variables d'un enfant à l'autre.
- Le corps s'arrête en général de grandir vers 18 ans.

Devenir un homme

La puberté commence un peu plus tard chez les garçons, vers douze à quatorze ans. Leur poids augmente rapidement puis, les années suivantes, leur corps s'élargit et se muscle. La voix devient plus grave, des poils apparaissent sur le visage.

Nouveaux défis

L'adolescence est un stade difficile à vivre : la vie est plus compliquée, il faut prendre des décisions importantes. C'est aussi une période de défis passionnants. On découvre de nouveaux sentiments. C'est souvent le tout début des relations amoureuses.

▲ Entre 20 et 40 ans, les hommes et les femmes forment souvent des couples et décident d'avoir des enfants.

L'âge adulte

Quand on est adulte, la croissance s'arrête. Mais le corps continue à prendre soin de lui-même, à réparer les cellules endommagées, à remplacer celles qui sont mortes. Plus tard, ces réparations se font moins bien. Cela produit des changements dans le corps : c'est la vieillesse.

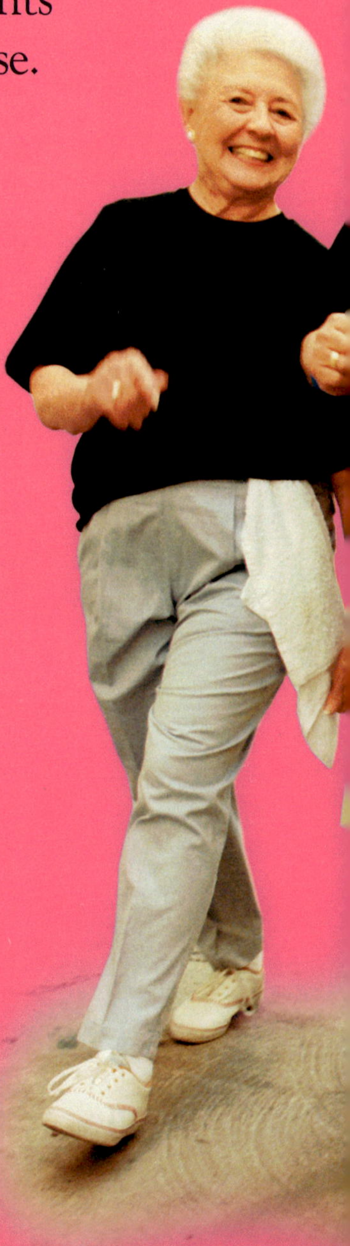

Être un adulte

Un adulte décide seul de la manière dont il veut vivre. Il peut choisir de privilégier sa carrière, de faire le tour du monde ou de fonder une famille. Être adulte, c'est aussi être responsable de ses enfants ou de ses parents âgés.

▲ Avec l'âge, il y a plus de rides, car la peau est plus fine et moins élastique.

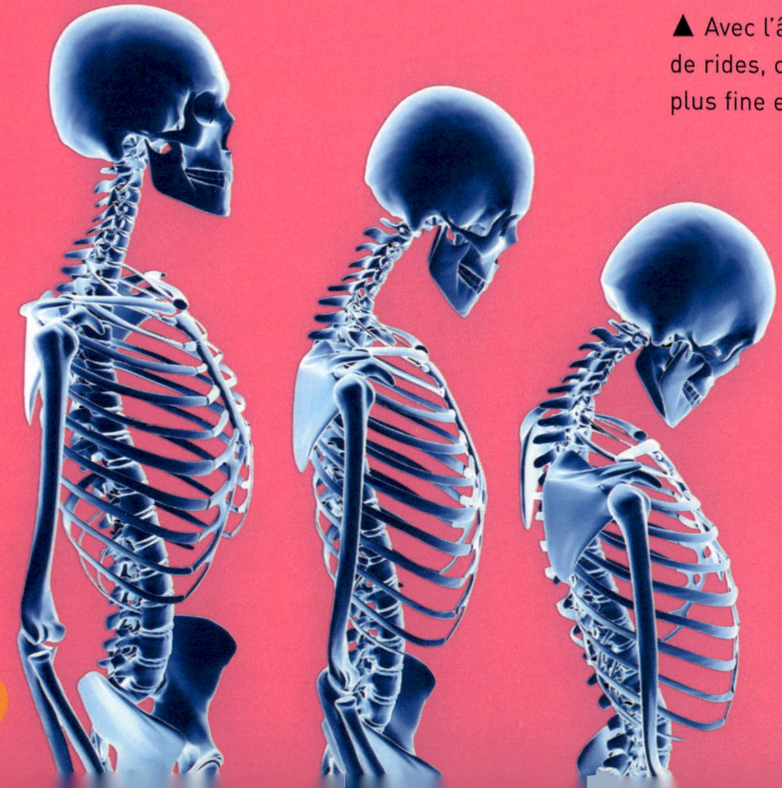

◀ Quand on vieillit, les os sont moins solides. La colonne vertébrale se courbe souvent, comme on voit ici, de gauche à droite.

◀ Après 40 ans, beaucoup de gens ont besoin de lunettes pour lire.

▼ De nombreuses personnes, bien qu'elles soient moins en forme avec l'âge, continuent à mener une vie très active.

flash infos

- Après l'âge de 25 ans, certains organes diminuent légèrement de volume.
- En vieillissant, dès 30 ans, on entend de moins en moins bien les sons très aigus.
- Progressivement, surtout après 50 ans, de plus en plus de cheveux deviennent gris.

La vieillesse

Les gens qui vieillissent ont plus de rides. Ils entendent moins bien. Mais ils ont plus d'expérience et sont plus aptes à résoudre certains problèmes et à prendre certaines décisions.

La vue

À partir d'un certain âge, le cristallin de l'œil (page 44) devient moins souple ; il ne peut plus changer de forme pour faire la mise au point. Les objets proches apparaissent flous, il faut mettre des lunettes pour lire.

Glossaire

Abdomen Partie centrale du corps, entre la poitrine et les jambes.

Achille (tendon d') Tendon qui attache le muscle du mollet au talon.

ADN Substance contenue dans les gènes des chromosomes. Elle porte les informations pour construire et faire fonctionner le corps.

Adolescence Étape de la vie pendant laquelle un enfant devient un adulte.

Adrénaline Hormone qui prépare le corps au danger, en accélérant le cœur (pour envoyer plus de sang aux muscles), et en libérant du sucre énergétique.

Artère Vaisseau sanguin qui amène le sang du cœur vers un autre organe.

Articulation Endroit où deux os sont attachés. Le plus souvent, les deux os peuvent bouger à cet endroit.

Bassin Partie du corps en bas du ventre, un peu en forme de cuvette, et entourée par un os.

Capillaire Le plus petit des vaisseaux sanguins, qui apporte l'oxygène aux cellules.

Cartilage Tissu dur mais flexible qui recouvre les articulations. On le trouve notamment dans le nez et les oreilles.

Cellule La plus petite unité de la vie. Les tissus et les organes du corps sont faits de groupes de millions de cellules.

Cerveau Partie supérieure du système nerveux, enfermée dans le crâne. Le cerveau est le centre de contrôle du corps.

Cervelet Centre nerveux derrière le cerveau, qui contrôle l'équilibre.

Chromosome Filament microscopique dans une cellule, formé de gènes. Il y a 46 chromosomes dans chaque cellule.

Cochlée (prononcer « koklé ») Partie de l'oreille interne qui transforme les sons en signaux pour le cerveau.

Cœur Organe situé dans la poitrine, entre les deux poumons, qui fait circuler le sang un peu comme une pompe.

Col de l'utérus Partie inférieure de l'utérus, percée d'un orifice par où le bébé sort à la naissance.

Colonne vertébrale Colonne solide mais flexible, faite de petits os appelés

Glossaire

vertèbres. Elle contient la moelle épinière et se trouve au milieu du dos.

Cordon ombilical Cordon qui nourrit le bébé dans l'utérus, et qui va de son nombril au placenta.

Cornée Membrane transparente devant l'iris (la partie colorée de l'œil), en forme de hublot.

Crâne Partie postérieure de la tête contenant l'encéphale (le cerveau et le cervelet).

Cristallin Lentille transparente dans l'œil, qui concentre les images sur la rétine.

Diaphragme Muscle plat, horizontal, situé sous les poumons et servant à la respiration.

Dioxyde de carbone Déchet gazeux produit par les cellules et rejeté par les poumons.

Endocrinien (système) Ensemble de glandes du corps qui fabriquent des messagers chimiques, les hormones.

Fécondation Réunion entre un spermatozoïde masculin et un ovule féminin, pour faire un œuf fécondé.

Fontanelle Petit trou entre deux os du crâne d'un bébé (il est rempli d'un tissu mou et ne se voit pas). Il se ferme la deuxième année.

Fracture Cassure d'un os, après un choc ou une chute.

Gène Morceau d'un chromosome, fait en ADN, et contenant une information destinée à la cellule.

Glucide Type d'aliment énergétique appelé aussi hydrate de carbone, que l'on trouve dans les pommes de terre, le pain, les pâtes, etc.

Hormone Messager chimique fabriqué par une glande et envoyé dans le sang, pour contrôler le travail des organes.

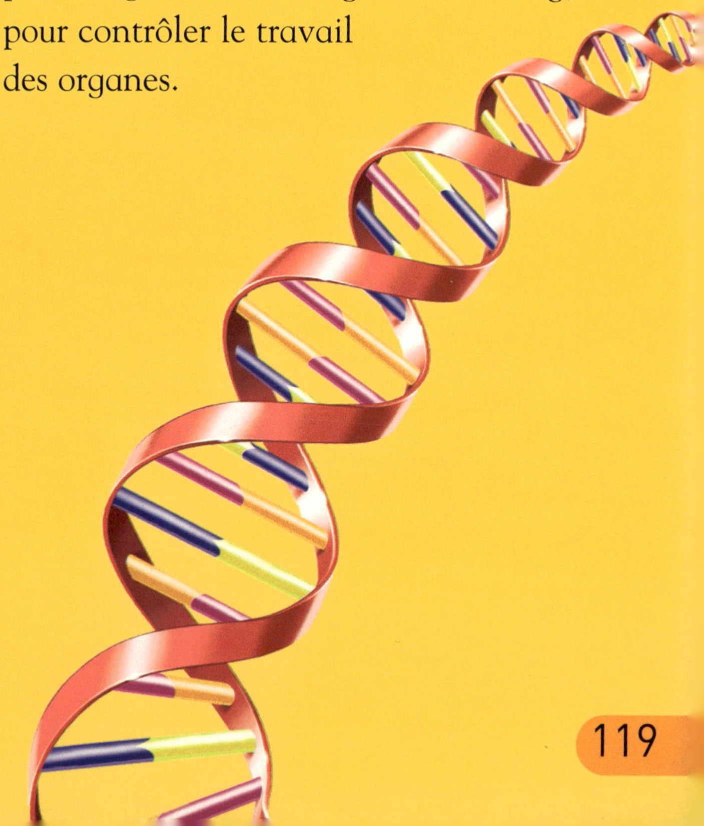

Glossaire

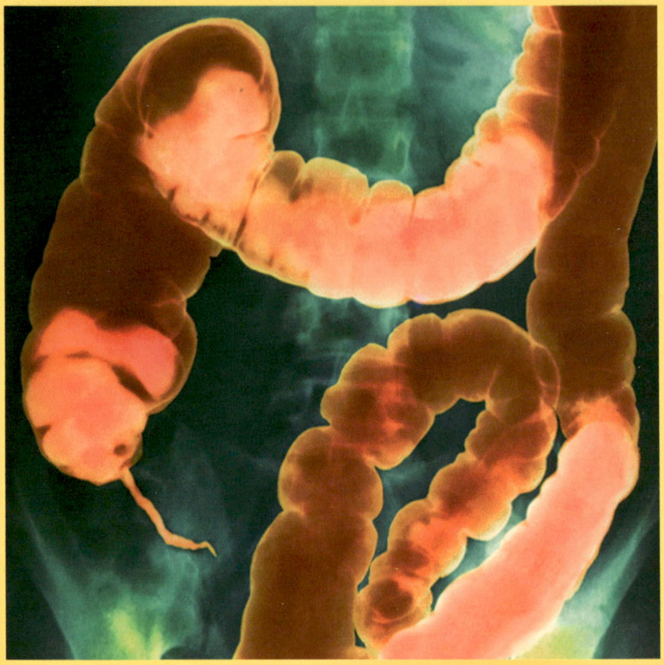

Immunitaire (système) Ensemble de cellules qui combattent les microbes.

Intestin Long tube qui va de l'estomac à l'anus. Il fait passer dans le sang les aliments réduits en pâte par l'estomac.

Iris Disque coloré qu'on voit dans l'œil, percé du trou noir de la pupille.

Ligament Bande fibreuse épaisse qui entoure une articulation pour tenir les os en place.

Luxation Déplacement d'un os d'une articulation, appelé aussi déboîtement, lors d'un accident.

Mandibule Appelée aussi mâchoire inférieure, elle porte les dents du bas. C'est le seul os mobile de la tête.

Micro-organisme Appelé aussi microbe, c'est un être vivant minuscule qu'on ne voit qu'au microscope (virus, bactérie, champignon, acarien, etc.).

Moelle épinière Partie du système nerveux logée dans les vertèbres.

Moelle osseuse Tissu mou se trouvant à l'intérieur des os. La moelle jaune est graisseuse, la rouge fabrique les cellules du sang.

Nerf Paquet de fibres nerveuses en forme de ficelle très mince.

Nerveuse (fibre) Prolongement d'un neurone, ressemblant à un fil microscopique.

Nerveux (système) Les organes (comme le cerveau) et les nerfs qui reçoivent les informations extérieures et envoient des instructions au corps. Le cerveau en est le quartier général.

Neurone Cellule du système nerveux, portant des signaux à toute vitesse.

Noyau Petite masse ronde au centre de la cellule qui en contrôle le fonctionnement grâce aux gènes.

Nutriment Substance contenue dans les aliments (sucre, sel, vitamine,

Glossaire

protéine, etc.), dont le corps a besoin pour l'énergie, la croissance et les réparations.

Œuf fécondé Cellule qui va se transformer en bébé dans l'utérus.

Optique (nerf) Nerf qui porte les signaux de la rétine, à l'arrière de l'œil, vers le cerveau.

Organe Partie du corps (comme le cœur), qui fait un certain travail (comme faire circuler le sang).

Ovaire Organe sexuel de la femme situé dans le bassin, qui fabrique les ovules. Il y a deux ovaires.

Ovulation Expulsion d'un ovule par un ovaire de la femme. Il y a une ovulation tous les 28 jours (environ une fois par mois).

Ovule Cellule reproductrice fabriquée par l'ovaire (voir Fécondation).

Oxygène Gaz de l'air que les poumons font passer dans le sang et qui sert à produire de l'énergie.

Placenta Organe en forme de disque qui apparaît dans l'utérus pendant la grossesse pour nourrir l'embryon.

Poumon Organe situé dans la poitrine, sous les côtes, qui fait rentrer l'oxygène dans le sang grâce à la respiration. Il y a deux poumons.

Puberté Transformation du corps de l'enfant en corps d'adulte, entre 10 et 14 ans environ.

Pupille Orifice circulaire noir de l'iris de l'œil qui laisse entrer la lumière.

Radiographie Sorte de photographie qui permet au médecin de voir l'intérieur du corps.

Réflexe Réaction brusque et involontaire du corps.

Règles Écoulement par le vagin de sang venant de l'utérus, pendant quelques jours tous les mois, chez la fille après la puberté.

Rein Organe en forme de haricot, en bas du dos, qui nettoie le sang et forme l'urine. Il y a deux reins.

Rétine Membrane au fond de l'œil qui reçoit les images et les transforme en signaux qu'elle envoie au cerveau.

Salive Liquide fabriqué par des glandes dans la bouche pour commencer la digestion.

Glossaire

Scrotum (ou bourses, au pluriel) Enveloppe de peau qui recouvre les testicules chez le garçon, sous le pénis.

Sens (organe des) Partie du corps comme l'œil et l'oreille qui envoie les informations du monde extérieur au cerveau.

Spermatozoïde Cellule sexuelle fabriquée par le testicule (voir Fécondation).

Squelette Ensemble des os, recouvert par les muscles. Il soutient le corps, lui donne sa forme et protège les organes.

Tendon Cordon solide qui attache un muscle sur un os.

Testicule Organe sexuel masculin, situé dans le scrotum, fabriquant les spermatozoïdes. Il y a deux testicules.

Tissu Groupe de cellules qui se ressemblent, dans les organes (par exemple, tissu musculaire dans les muscles et dans le cœur).

Trachée Sorte de tube qui conduit l'air entre le fond de la gorge et les poumons.

Travail Fin de la grossesse, quand le muscle de l'utérus se contracte pour faire sortir le bébé du ventre de la maman (la sortie du bébé s'appelle l'accouchement).

Tympan Membrane au fond du canal de l'oreille, qui vibre quand un son arrive et transmet les vibrations à l'oreille moyenne puis au cerveau.

Utérus Organe creux dans le bassin de la femme qui abrite le futur bébé pendant la grossesse.

Vagin Canal creux qui va de l'utérus de la femme à l'extérieur et par où passe le bébé à la naissance.

Vaisseau sanguin Canal qui transporte le sang et qui peut être une artère, une veine ou un capillaire.

Veine Vaisseau sanguin qui ramène le sang d'un organe vers le cœur.

Vertèbre Chacun des 33 os empilés pour former la colonne vertébrale.

Vessie Organe creux, musculaire, qui recueille l'urine venant des reins, avant de la rejeter à l'extérieur.

Pour aller plus loin

Si tu es curieux, tu peux trouver des informations, des renseignements et bien souvent des jeux sur le thème du corps et sur la santé grâce à Internet, aux journaux et à la télévision. Voici quelques exemples :

Sur Internet

Attention ! N'oublie pas de ne jamais naviguer sur internet sans le conseil et le contrôle d'un adulte.

• L'INPES (Institut national de prévention et d'éducation pour la santé) est une agence gouvernementale qui fournit des informations. « http:www.inpes.sante.fr ».

• Le ministère de la santé donne, par exemple, des conseils aux adolescents et aux parents pour être en pleine forme grâce aux aliments, sur « www.mangerbouger.fr ».

• L'institut Pasteur apprend l'hygiène aux plus jeunes sous forme de jeux (« www.hygiene-educ.com »).

• Tu trouveras sur « www.medtoons.com », une mine d'informations sur le corps et la santé (images animées en 3D, photos au microscope, quiz). En cas de changement d'adresse, tape « medtoons » dans un moteur de recherche pour accéder au site.

• Un portail est un site web qui ouvre sur d'autres sites. Par exemple, le portail « www.sitespourenfants.com » te permet, avec l'aide de tes parents, d'accéder directement à des dizaines de sites pour enfants, sur la santé mais aussi sur tous les autres sujets. Il contient des pages pour les adolescents.

• Sur « www.kidadoweb.com », dans la rubrique « Pour la santé », tu trouveras des renseignements pour tous les âges sur l'anatomie, les aliments et la prévention des accidents.

• Enfin, si tu as envie d'informations plus détaillées, tu peux aller avec l'aide de tes parents sur le site « www.doctissimo.fr », et notamment t'instruire avec l'Atlas du corps humain (cliquer sans la liste gauche de la page d'accueil).

Dans la presse

La presse pour les jeunes, notamment *Science et Vie Junior,* propose régulièrement des articles et des dossiers sur le corps et la santé, pour les plus grands (à partir d'environ 11 ans).

Sur le petit écran

• Le magazine scientifique *E=M6* parle souvent de la santé d'une manière vivante et accessible à tous. On peut le retrouver par Internet : « www.m6.fr/emission-em6 », avec des vidéos sur des sujets variés (le cerveau, la digestion, l'œil, les boutons, etc.).

• L'émission *C'est pas sorcier,* sur France 3, aborde aussi des sujets sur le corps et la santé avec intelligence et humour.

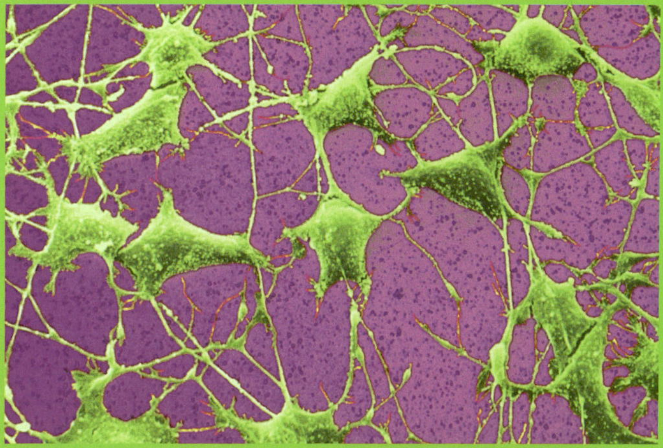

Index

S

T, U

V

Y, Z

Crédits photographiques

b = en bas, c = au centre, g = à gauche, d = à droite, h = en haut

Couverture : c Getty Imagebank ; bg Corbis ; cd Getty ; bd Corbis
Page 1 Getty/Imagebank ; 2 Getty/Digital Vision ; 3 SPL/VVG ; 4 Corbis ; 8 bg Corbis/Sygma ; 9 Corbis/Chuck Savage ; 10 hg SPL/David Becker, bd SPL/ISM ; 11cd SPL/VVG ; 12 hc SPL, hd SPL, c SPL, 12cd SPL ; 13 Corbis/Patrik Giardino ; 14 hg SPL/Biophoto Assoc, cd Getty/Comstock, bg SPL/Mona Lisa Prods ; 15 hg SPL/Andrew Syred, hd SPL/VVG, b SPL/VVG ; 16 hg SPL/Tek Image, bg SPL ; 17 hg SPL/VVG, g SPL/CNRI ; 18 hg SPL/CC Studio ; 19 Alamy/Chad Ehlers ; 20 hg SPL/Kari Lounatmaa, bg SPL/CNRI ; 21 hg SPL/Alfred Pasieka, hd Getty/Stone ; 22 Getty/Imagebank ; 23 Getty/Imagebank ; 24 bg SPL/Eye of Science, g SPL/CNRI ; 27 b Getty/Digital Vision ; 29 cg, cd Getty/Matt Meadows ; 31 cd SPL/Professor Motta, b SPL/Dr Arthur Tucker ; 32 hd Alamy/M Wienzerl, cg Corbis/Laura Doss ; 32–33 SPL/VVG ; 33 hg SPL/John Bavosi, bd Corbis. 34 Shutterstock/ Valeriy Lebedev ; 36 hg Getty/Taxi, bg Shutterstock/Zoran Karapancev, cd Alamy ; 37 g Getty, d The Art Archive ; 38 hg SPL, bg Corbis ; 39 bd SPL ; 40 hd Corbis, cg Getty/Taxi ; 41 bg Getty/Stone, d Getty/Imagebank ; 42 Getty ; 43 Alamy ; 44 SPL ; 45 c SPL, bd Shutterstock/farferros ; 47 g Getty/Field Museum Library ; 48 cg Getty/Stone, bg Corbis ; 49 cd SPL, bg Getty/Imagebank ; 50–51 Alamy ; 51 hd Alamy/Michael Doolittle, c SPL ; 52 cg Corbis, b Getty/Imagebank ; 52–53 Alamy ; 53 Corbis ; 54 Alamy/Phototake Inc ; 55 g Getty/Stone ; 55 d Getty ; 56 hg Shutterstock/2xSamara, cd Alamy ; 58 hd SPL ; 58–59 Corbis ; 59 Corbis ; 60 g Corbis, bc Corbis ; 61cg Getty/ Imagebank, d Corbis ; 64 hg Actionplus, d Actionplus, bg Getty Stone ; 65 g Actionplus, hd SPL, cd Actionplus, bd Shutterstock/Ermin Ozkan ; 66–67 SPL ; 68 bg SPL, c SPL ; 68–69 Getty ; 69 d SPL ; 70 bg SPL ; 70–71 Alamy ; 71 hd Shutterstock/ Jose Gil ; 72 bg Corbis, bc SPL, hd Corbis ; 73 SPL ; 74 hg Shutterstock/Ilya Andriyanov ; 74 bg SPL ; 75 bd Shutterstock/Anurak Pongpatimet ; 76 hg Getty Stone ; 76 bg SPL ; 77 c, cr Shutterstock/Steve Collender, bd SPL ; 78 bg Corbis, r Alamy ; 79 b Corbis ; 80–81 SPL ; 82 hg Alamy, b SPL ; 82–83 Getty ; 83 cd Actionplus, bd SPL ; 84 hg SPL ; 84–85 Getty ; 85 hd Shutterstock/Sergey Furtaev, cg Shutterstock/ Monika Wisniewska ; 86 SPL ; 87 hd SPL, cd Shutterstock/ChameleonsEye ; 88 hg Corbis, bg Shutterstock/Max Topchil ; 88–89 Corbis ; 89 h Getty, c Getty ; 90–91 SPL/Mike Bluestone ; 92 h SPL/La Sapienza University Rome ; 92 b Corbis/Ariel Skelley/Blend Images ; 93 h Getty/Imagebank, c Corbis, b Corbis/David Samuel Robbins ; 94–95 SPL/Tony Brain ; 95 bg SPL/CNRI, bd Shutterstock/zurijeta ; 96–97 SPL/PM Motta & J Van Blerkom ; 97 c Shutterstock/InezBazdar ; 98–99 SPL ; 100–101 SPL/Edelmann ; 102 h Getty/ Stone, b SPL/Ph Saada Eurelios ; 103 h SPL/Jesse, b Corbis/Laura Doss ; 104–105 Getty/Imagebank ; 105 cd Alamy/Cultura RM ; 106 SPL ; 107 h Getty/Photographer's Choice ; 107 b Getty/Photodisc ;108 hd Corbis/Steve McDonough, cd SPL/Damien Lovegrove, b Getty/Imagebank ; 109 Getty/ Stone ; 110 hg Getty/Stone, bl Shutterstock/michaeljung ; 110–111 Getty/Taxi ; 111 hg Getty/Taxi, bd Getty/Stone; 112 hd Getty/Imagebank ; 112 hcd Getty/Imagebank, bcd Getty/Taxi, bd Getty/Imagebank ; 113 d Getty/Stone ; 114 hg Shutterstock/Iancu Cristian ; 114–115 Shutterstock/ Monkey Business Images ; 115 hg Shutterstock/Arina P Habich ; 116 hg Getty/Stone ; 116 cd Getty/Taxi, bg SPL/Alfred Pasieka ; 116–117 Getty/Taxi ; 117 hg Getty/Taxi ; 120 SPL/CNRI ; 123 SPL/VVG